甲午贺岁

2014

人民美术出版社

图书在版编目（CIP）数据

甲午贺岁／人民美术出版社编．－北京：人民美术出版社，
2013.12

ISBN 978-7-102-06696-7

Ⅰ．①甲…Ⅱ．①人…Ⅲ．①十二生肖－马－介绍
Ⅳ．① K892.21

中国版本图书馆 CIP 数据核字（2013）第 319571 号

甲午贺岁

编辑出版	人民美术出版社
	（北京北总布胡同32号　100735）
	www.renmei.com.cn
责任编辑	刘士忠　张钟心
封面设计	胡建斌
版式设计	李　巍
封面题字	林　阳
校　　对	马晓婷
责任印制	文燕军
制版印刷	北京燕泰美术制版印刷有限责任公司
总 经 销	人民美术出版社发行部

版次　2014年1月 第1版 第1次印刷
开本　787毫米×1092毫米 1/16 印张 15.25
印数　0001-2500册
ISBN 978-7-102-06696-7
定价　198.00元

午马 剪纸 现代 河北蔚县

柳阴双骏图　郎世宁作　镇江市博物馆藏

午马　现代　齐白石作

目 录

马的习俗

十二生肖年表……………………………………… 2

巧雕十二生肖 / 倪东方 ………………………… 4

生肖马 / 宋长宏 ………………………………… 6

摸铜特 / 晓梧 …………………………………… 14

端午马生日 / 吴裕成 …………………………… 16

马社火 / 李振球、乔晓光 ……………………… 18

马神崇拜 / 宋长宏 ……………………………… 22

蚕神马头娘 / 宋长宏 …………………………… 32

马上封侯 / 晓梧 ………………………………… 36

马的禁忌 / 宋长宏 ……………………………… 40

马祭习俗 / 宋长宏 ……………………………… 44

跑竹马·走马灯 / 宋长宏 ……………………… 52

马年话马

马年话马 / 刘孝存 ……………………………… 56

午马生肖邮票 …………………………………… 70

郎世宁画马 / 聂崇正 …………………………… 82

浅谈潍坊民间美术中的马 / 孙杰妤 …………… 88

马术运动 / 宋长宏 ……………………………… 92

中国古代马车 / 王迅 …………………………… 96

马的故事 ………………………………………… 98

马的世界 ……………………………………………… 104
马景名胜 ……………………………………………… 112

马到成功

"马"的绘画 …………………………………………… 118
"马"的雕塑 …………………………………………… 142
"马"的篆刻 …………………………………………… 160
"马"的年画 …………………………………………… 162
"马"的玩具 …………………………………………… 168
"马"的剪纸 …………………………………………… 174
"马"的火花 …………………………………………… 182
"马"的磁卡 …………………………………………… 186
"马"的票券 …………………………………………… 188
"马"的古代纹饰 ……………………………………… 190
"马"的卡通形象 ……………………………………… 196
"马"的图案 …………………………………………… 198

附记

20世纪马年大事记 …………………………………… 202
马年出生的中外名人 ………………………………… 218

马的习俗

十二生肖年表

子鼠		中国夏历戊子年　公元1948年02月10日——1949年01月28日 中国夏历庚子年　公元1960年01月28日——1961年02月14日 中国夏历壬子年　公元1972年02月15日——1973年02月02日 中国夏历甲子年　公元1984年02月02日——1985年02月19日 中国夏历丙子年　公元1996年02月19日——1997年02月06日
丑牛		中国夏历己丑年　公元1949年01月29日——1950年02月16日 中国夏历辛丑年　公元1961年02月15日——1962年02月04日 中国夏历癸丑年　公元1973年02月03日——1974年01月22日 中国夏历乙丑年　公元1985年02月20日——1986年02月08日 中国夏历丁丑年　公元1997年02月07日——1998年01月27日
寅虎		中国夏历庚寅年　公元1950年02月17日——1951年02月05日 中国夏历壬寅年　公元1962年02月05日——1963年01月24日 中国夏历甲寅年　公元1974年01月23日——1975年02月10日 中国夏历丙寅年　公元1986年02月09日——1987年01月28日 中国夏历戊寅年　公元1998年01月28日——1999年02月15日
卯兔		中国夏历辛卯年　公元1951年02月06日——1952年01月26日 中国夏历癸卯年　公元1963年01月25日——1964年02月12日 中国夏历乙卯年　公元1975年02月11日——1976年01月30日 中国夏历丁卯年　公元1987年01月29日——1988年02月16日 中国夏历己卯年　公元1999年02月16日——2000年02月04日
辰龙		中国夏历壬辰年　公元1952年01月27日——1953年02月13日 中国夏历甲辰年　公元1964年02月13日——1965年02月01日 中国夏历丙辰年　公元1976年01月31日——1977年02月17日 中国夏历戊辰年　公元1988年02月17日——1989年02月05日 中国夏历庚辰年　公元2000年02月05日——2001年01月23日
巳蛇		中国夏历癸巳年　公元1953年02月14日——1954年02月02日 中国夏历乙巳年　公元1965年02月02日——1966年01月20日 中国夏历丁巳年　公元1977年02月18日——1978年02月06日 中国夏历己巳年　公元1989年02月06日——1990年01月26日 中国夏历辛巳年　公元2001年01月24日——2002年02月11日

十二生肖年表

中国夏历壬午年　公元1942年02月15日——1943年02月04日 中国夏历甲午年　公元1954年02月03日——1955年01月23日 中国夏历丙午年　公元1966年01月21日——1967年02月08日 中国夏历戊午年　公元1978年02月07日——1979年01月27日 中国夏历庚午年　公元1990年01月27日——1991年02月14日		午马
中国夏历癸未年　公元1943年02月05日——1944年01月24日 中国夏历乙未年　公元1955年01月24日——1956年02月11日 中国夏历丁未年　公元1967年02月09日——1968年01月29日 中国夏历己未年　公元1979年01月28日——1980年02月15日 中国夏历辛未年　公元1991年02月15日——1992年02月03日		未羊
中国夏历甲申年　公元1944年01月25日——1945年02月12日 中国夏历丙申年　公元1956年02月12日——1957年01月30日 中国夏历戊申年　公元1968年01月30日——1969年02月16日 中国夏历庚申年　公元1980年02月16日——1981年02月04日 中国夏历壬申年　公元1992年02月04日——1993年01月22日		申猴
中国夏历乙酉年　公元1945年02月13日——1946年02月01日 中国夏历丁酉年　公元1957年01月31日——1958年02月17日 中国夏历己酉年　公元1969年02月17日——1970年02月05日 中国夏历辛酉年　公元1981年02月05日——1982年01月24日 中国夏历癸酉年　公元1993年01月23日——1994年02月09日		酉鸡
中国夏历丙戌年　公元1946年02月02日——1947年02月20日 中国夏历戊戌年　公元1958年02月18日——1959年02月07日 中国夏历庚戌年　公元1970年02月06日——1971年01月26日 中国夏历壬戌年　公元1982年01月25日——1983年02月12日 中国夏历甲戌年　公元1994年02月10日——1995年01月30日		戌狗
中国夏历丁亥年　公元1947年02月21日——1948年02月09日 中国夏历己亥年　公元1959年02月08日——1960年01月27日 中国夏历辛亥年　公元1971年01月27日——1972年02月14日 中国夏历癸亥年　公元1983年02月13日——1984年02月01日 中国夏历乙亥年　公元1995年01月31日——1996年02月18日		亥猪

巧雕十二生肖

倪东方

子 鼠

丑 牛

寅 虎

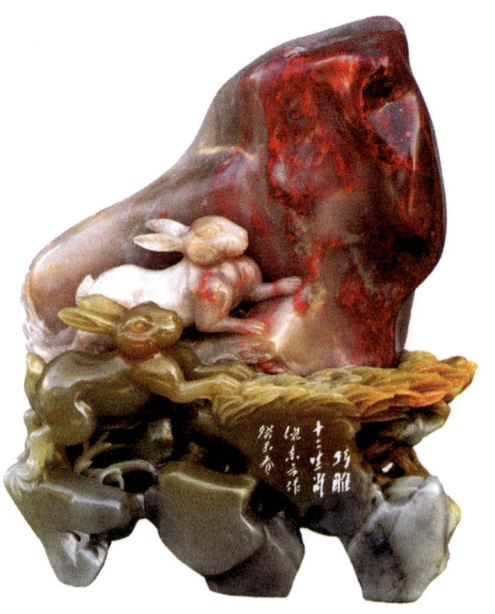

卯 兔

巧雕十二生肖

辰 龙

己 蛇

午 马

未 羊

申 猴

酉 鸡

戌 狗

亥 猪

生肖马

宋长宏

马是中国人最喜爱的动物之一。它虽属畜类，但人们在它身上寄托了丰富的情感和精神。作为十二生肖信仰之一的马生肖信仰，便是这种精神和情感的集中体现。

十二生肖，又称十二属相，是我国民间计算年龄的一种方法。即在十二地支符号后配以十二种动物名称，形成子鼠、丑牛、寅虎、卯兔、辰龙、巳蛇、午马、未羊、申猴、酉鸡、戌狗、亥猪，每隔十二年，循环一次，以此来纪年和计算人的年龄。生于某年之人，则属某种动物。

生肖信仰是中国最为广泛、最为普遍、最为流行、最为久远的一种民间信仰。它虽然没有什么系统的理论和"教义"，却深深地在中国人的心中扎下了根。千百年来，在中国这块古老而辽阔的大地上曾经涌现出无数圣贤哲人，他们的思想和主张曾影响了一代或无数代中国人，但迄今为止，还没有任何一种信仰能像生肖信仰这么普遍、这么久远。生肖信仰上可追溯至原始时代，下则绵延至当今社会，从古至今，代代相传，相沿积久，长期积淀，已成为中国人集体意识的一部分。

马生肖信仰和其他所有生肖动物信仰一样，产生于人类社会初期，与初民的动物崇拜心理、古老的动物纪年法和原始的巫术思维有着密切的关系。

早在史前时期，中国境内的原始人类就已经与各种动物打交道了。在我国发现的许多原始文化遗址中都有动物化石相伴而出。我国各地发现的原始岩画中也多见有各种动物形象。原始时代，人和动物混杂相处，人类尚处于一种物我不分或物我合一的蒙昧状态。对于原始人来说，动物是其衣食之源，也是其某种精神寄托，特别是那些有着特殊本领或生殖能力强的动物，更容易引起人们的羡慕之心，而那些凶猛的动物则会引起人们的敬畏心理。人类对

北方岩画中的马的图像

生肖年寄语　年画屏条　套印　笔绘　清末　天津杨柳青

动物的这种复杂的心理积淀到一定程度就会形成对动物的崇拜。民族学材料表明，世界上每个处于原始阶段的民族都存在动物崇拜心理。

人和动物的密切关系使人们看待事物时往往以动物为参照系。天上闪烁的群星，使人想起动物，于是有了大熊、白狼、牵牛等星座；地上蜿蜒起伏的山脉，使人想起动物，于是有

生肖马
福

放牧与狩猎 内蒙古乌拉特中旗岩画 青铜时代至早期铁器时代

了鸡冠山、牛首山、狼牙山、马鞍山等山名。类似的思维方式也用于时间概念的表达，于是就有了猴年马月之类的动物纪年法。

动物纪年法是人类较早产生的一种纪年法。这种纪年法即以动物为年、月、日、时等命名。对于最初的人类来说，用一、二、三、四等数字表示时间没有实际意义，所以他们总是用与自己生活密切相关的东西表示年月等时间，如"草青月"、"草黄月"等。某些动物在某些特定的时间经常出现，或经常表现出某些特征，也会被人们看在眼里，记在心头，人们很自然就会用老鼠活动最频繁时表示半夜，用公鸡打鸣时表示天亮，于是就有了"鼠时"、"鸡鸣时"等时间表示法。这些方法都是形象纪年法，表示时间的动物等都是与人们生活密切相关的，既具有表示时间的功能，又具有提示功能，所以许多民族自然地形成并采用了这样的纪年方法。用数字或抽象符号纪年的方法显然晚于用动物等纪年的形象纪年法。

汉族先民曾用干支纪年法。河南安阳殷墟出土的甲骨文中已经有了完整的六十甲子表，主要用于计日和计时。干支纪年法是否来源于动物纪年法，抑或它本身就是一种动物纪年法，尚难得以充分证明，所以目前还只能把十二地支看作是用以表示时间的十二个抽象符号。商之前为夏，使用夏历。之后为周，使用周历。夏商周三代所使用的历法并不一致，他们在建立王朝之前都有着各自一套的历法，而且采用的可能是比较抽象的计时方法，如商代有干支计时法，周代则有了"一之月"、"二之月"、"七月"、"九月"（《诗经·豳风·七月》）等用数字表示月份的方法。这样完整抽象的历法不可能是一下子形成的，其前一定经历过类似动物纪年法的形象纪年法阶段，随着人们抽象认识事物能力的提高，才发展成为抽象的纪年方法。汉族先民既然已经有了较为先进的抽象纪年法，就不可能再退回到诸如动物纪年法之类的形象纪年法上，而一些非汉族先民的形象纪年法此时则正处于向抽象纪年法发展阶段。随着汉族先民和非汉族先民在夏商周三代及其以后的不断交往，动物纪年法和干支纪年法后来逐渐走向融合，干支配以各种动物，于是便有了十二生肖纪年法。十二生肖纪年法是民族文化交融的产物。清人赵翼《陔余丛考》认为："盖北俗初无所谓子丑寅卯之十二辰，但以鼠牛虎兔之类分纪岁时，浸寻流传于中国，遂相沿不废耳。"这种说法是符合实际的。

将十二支配以各种动物，目前已知最早的是1975年在湖北云梦睡虎地十一号秦墓出土的竹简《日书》中。《日书》主要记载有关选择吉日以便行事之内容，其甲种《日书》背面"盗者"一节中记载了不同的时辰、与时辰相配的动物以及这一时辰出现的盗者的相貌特征："子，鼠也，盗者兑口希须，善弄，手黑色；丑，牛也，盗者大鼻长颈，大辟臑而偻；寅，虎也，盗者壮，希须，面有黑焉；卯，兔也，盗者大面头颡；辰，盗者男子，赭色；巳，虫也，盗者长而黑蛇目；午，鹿也，盗者长颈小胫，其身不全；未，马也，盗者长须耳；申，环也，盗者园面；酉，水也，盗者而黄色，疵在面；戌，老羊也，盗者赤色；亥，豕也，盗者大鼻。"子鼠丑牛寅虎卯兔与后世同，辰时动物缺，巳之虫即为蛇，午为鹿，未为马，申之环即为猿（猴），酉之水即为雉（鸡），戌为羊，亥为豕。这里记载的动物除个别者以外已与后世的生肖动物基本相同。湖北云梦睡虎地十一号秦墓竹简《日书》，其年代可到战国时期，此时正是汉族先民的华夏族系和非汉族先民各族系各种交往频繁之时，计时纪年法交融是很自然的事情。后来又在甘肃天水发现汉简秦《日书》，也记载有完整的十二生肖，但与云梦《日书》不尽相同。由于许多民族都处于动态发展中，其用来纪年的动物也不尽相同（这种情况至今仍然存在），不可能与干支法完全匹配，所以两种历法最初结合时必然出现上述情况。与汉族今日之生肖动物完全相同的记载出现在东汉王充《论衡》之《物势》、《言毒》等篇中。王充《论衡·物势篇》云："寅，木也，其禽，虎也。戌，土也，其禽，犬也。"又云："午，马也。子，鼠也。酉，鸡也。卯，兔也。亥，豕也。未，羊也。丑，牛也。巳，蛇也。申，猴也。"共计提到十一种生肖之名。《言毒》篇有"辰为龙，巳为蛇，辰巳之位在东南"之句，恰巧补上了"辰龙"这一生肖。可见在东汉时期十二支与十二种动物的匹配已经基本固定了。

南北朝时期的民族大融合，使干支纪年与动物纪年交融得更加紧密。据《北史》记载，

十二生肖瓷俑　初唐　湖南岳阳出土

北周宇文护的母亲阎氏被执北齐，她在一封信中写道："昔在武川镇，生汝兄弟，大者属鼠，次者属兔，汝身属蛇。"这里已经将动物纪年与人的年龄结合起来。北朝时期还盛行以十二生肖动物俑作为陪葬物的葬俗，如山东临淄北朝崔氏墓地十号墓和十七号墓出土有动物生肖俑，太原北齐娄睿墓壁画上有十二生肖动物图像。北朝这些文字材料和考古材料说明此时十二生肖信仰已经相当流行。北朝政权多为非汉族建立，有许多游牧民族生活在中原地区（上引宇文一姓即为鲜卑姓氏），这样必定会使本来就存在的相互交融的两种纪年法再次得到强化，所以此时生肖信仰要比前代兴盛，也导致了紧随其后的隋唐时代的生肖文化的繁盛。考古发现了许多隋唐五代时期生肖文物，有十二生肖铜镜、十二生肖俑、刻有十二生肖的墓志、头戴生肖动物的人俑和图案，等等。宋代以后，虽然墓葬中的生肖文物不及隋唐丰富，但十二生肖作为一种民间信仰，一直深扎在人们心中，直至今天。

生肖信仰的核心内容之一就是生某年肖某物。如生于牛年之人肖牛，生于马年之人则肖马等。人生某年则肖某种动物的观念，实际上

青白釉褐彩生肖俑

是远古动物崇拜意识的遗留。我们现代人总是骄傲地认为，人类是宇宙万物之灵，是世界的主宰。但在远古人类的心目中可不是这样。在远古时代，人类与自然是处于一体的，正如《庄子·马蹄》中所说"同与禽兽居，族与万物并"。人类与自然万物一样，彼此平等地生活在地球上，互依互存，互相竞争，甚至互为食物。原始思维是一种我向思维，是一种"以己度物"又"以物及人"的思维。他们"以己度物"，认为万物与人类一样，都是有灵的；他们还常常"以物及人"，希望某些事物的特性能转移到人的身上。在初民看来，人类和动物之间有某种神秘的联系。通过频繁接触和细心观察，他们发现有些动物比自己强大和凶猛，或有着特殊的本领，由此产生畏惧或羡慕心理，又由畏惧和羡慕产生崇拜，并希望这些动物的特性能转移到自己的身上，希望人类能像马一样跑得快，像牛一样有力气，像老虎一样凶猛，像猴子一样灵活，像绵羊一样温顺。而要获得某种动物的本领，最有效的办法之一就是去吃这种动物的肉。一直到今天还有人认为"吃什么补什么"，如吃虎骨可以壮人筋骨，吃牛鞭可以壮阳。在非洲的一些原始部落中，甚至还存在分餐死人尸体的习俗，这样做的目的实际上是为了获得死者的勇气和力量。熊和豹子都是勇

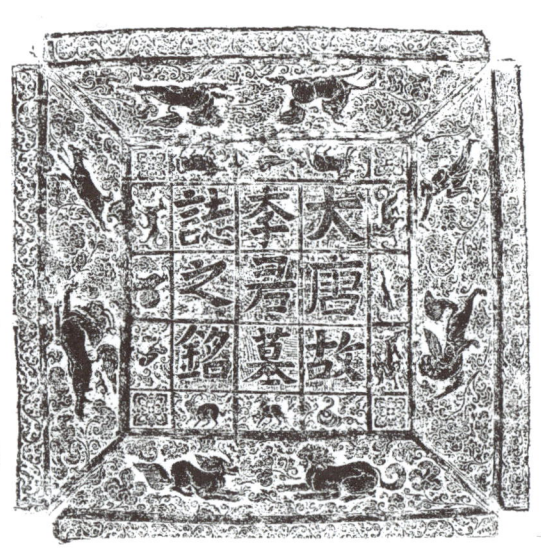

唐代李嗣本墓志盖　顶十二生肖全图

猛的动物，我们今天说某人胆大妄为时还说"真是吃了熊心豹子胆"。这些都是原始交感巫术意识在现代社会的遗留。除了吃肉以外，要想获得某种动物的本领，还有一种办法就是将这种动物的名号附在人的身上，如以动物命人名，以动物为生肖等。古人以动物纪年，在这一年出生的人多么希望自己也能像这种动物一样顺利健康地成长，或获得该动物的某些特殊本领，得到该动物的保佑啊！于是便采取以这种动物为生肖的办法，让自己"属"这种动物，使自己和动物之间建立某种神秘联系，认为这样就可以使该动物的特性转移到本年出生的人的身上。又因为这些动物用来表示年份，所以该生肖动物就成了该年生人的保护神，即所谓"本命年"之类。

马是人类的重要伙伴，是人们狩猎、畜牧、出征、行旅和农耕生活中不可缺少的一种动物，它驯良、善走、强壮、有力，人们自然也希望马的特性能转移到人的身上，再加上某些民族的传统动物纪年法中本来就有马这种动物，所以，十二属相之中便有了马，并与十二支中的午相配。

甲骨文中的六十甲子表中已经有了午，但午和马之间是否建立联系还不清楚。甲骨文中的"午"字，按罗振玉和郭沫若的解释，都与马有关。罗振玉认为甲骨文中的午字像马策之形，郭沫若认为是"驭索之象形"。一个认为是马鞭子，一个认为是马缰绳，但都是将午与马联系起来了。

马与午联系起来，在《诗经》中也有记载。《小

生肖马

十二生肖马　　现代　　韩美林

雅·吉日》："吉日庚午，即差我马。"意思是庚午这一天为吉日，选择健壮的马匹准备出猎。这里把午日和马联系起来，并认为庚午日是动用马匹的吉日。孔颖达疏云："必用午日者，盖于辰，午为马故也。"但文献记载中也有将"未"与马联系起的，而与"午"联系的动物却是鹿。前引睡虎地秦简《日书》："午，鹿也。未，马也。"这可能是在不同地区产生的变异。《日书》中还有一与午马有关的记录："毋以午出入臣妾马。"意思是不要在午日做奴隶、马匹等交易。午为用马之吉日，若将马卖出去，是不吉利的。东汉以后，午与马的联系彻底确定。《论衡·物势》："午亦火也，其禽马也。"晋葛洪《抱朴子·登涉》："午日称三公者，马也。"

上述记载除了《日书》以外都还没有将马与人联系起来。睡虎地秦简《日书》中提到马时云："未，马也。盗者长须耳。"认为未时出现的盗者的模样是"长须耳"。这里已经把小偷的模样与马联系在了一起。从上文所引《北史》中的记载来看，当时人们已经将生肖与人的年龄结合起来。这些都是以马肖人的较早记载。但实际上这种心理早在人类社会初期就已经产生了。马在人们物质生活和精神生活中扮演着重要角色，使人们对它产生了极其崇拜的心理，人们希望马的一些超人的本领（如马之善走、强壮、有力等）能转移到人的身上，同时也希望自己的一切能够得到马神的保佑，谁让自己是马年出生的呢？因此，马年出生的人，在他们的深层观念中，实际上是和马建立了一种交感巫术的关系，他们的性格、命运、婚姻、事业、前途等也似乎都和马有着种种神秘的联系。马属役使动物，一生奔波劳碌，于是那些长年辛苦操劳的马年生人便认为自己的命运与马相似；马在古代军事中作用非凡，战马的优良与多寡往往决定战争的胜负，古语有"旗开得胜，马到成功"，于是那些有一定作为的马年生人便从马身上找到了自信和成就感。他们总是能在马的身上观照到自己的影子，得到某种心里暗示，似乎自己的一切在冥冥之中都是在受自己所属的生肖——马的影响而决定的。基于这样一种信仰，以马为生肖，成了我国仪礼习俗中的一个重要组成部分。

人马之间的这种交感巫术关系，是马生肖信仰中最原始、最基本的内涵。围绕这一核心，人们"以己度马"、"以马及人"、"以马及物"，又形成了许多与马有关的文化事象。"以己度马"，即人类以己为中心去认识马；"以马及人"，即人类以马为中心去看待人；"以马及物"，即人类以马为中心认识万物。民间广为流传的人格化的灵马故事、用马来形容或比喻人和事物的言语习俗等，都是这种思维方式的结果。这几种思维方式的存在，丰富了马生肖信仰的内涵，使马生肖信仰又有了更深更广的文化背景。我们现代人所以仍然念念不忘马生肖，除了原始交感巫术意识的潜在影响外，更重要的是人们已经为马生肖赋予了更多的文化内涵，从而使马生肖信仰有了更深厚的文化底蕴。这些与马有关的文化事项与马生肖信仰一起，构成了极富特色的中国马文化。因此，只有充分了解中国的马文化，才能深入地体会到马生肖的真谛。

北京东岳庙玉马

二十八宿星之星日马 山西晋城玉皇庙元代彩塑

塑像左手托一轮红日,红日中绘一马,右手置于胸前,虽为坐像,但非坐似立,身形较高,空间感强,颇具艺术感染力。

摸铜特

晓 梧

农历新年，北京市民有"挂福牌、请财神、摸铜特"的民俗活动。其中的摸铜特，又称"摸铜马"、"摸铜骡子"、"摸铜驴"，活动主要集中在白云观和东岳庙两处。

"特"的造型为骡身、驴面、马耳、牛蹄，所以又被北京人称为"四不像"，相传是清朝乾隆皇帝为纪念自己的坐骑而命工匠铸造的神兽，也有说是文昌帝君坐骑的。

民间称"特"为"神特"，因为摸铜特可保人身体健康。传说身体哪里不舒服，只要摸一下"神特"对应的部位，就能"手到病除"。因此，1949年前东岳庙附近一直设有医院，可见"特"之"神奇"了。

摸铜特，作为一项旧时的民俗活动流传至今。新年来临之际，人们扶老携幼而来，祈盼身体健康，阖家平安，万事顺遂。

北京白云观铜特

摸铜特

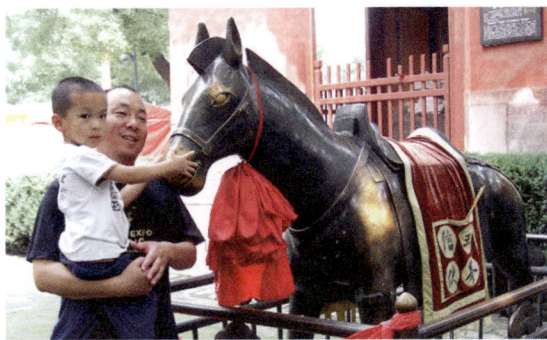

北京东岳庙摸铜特

端午马生日

吴裕成

布缝为十二生肖动物,内里装填艾草、冰片、檀香等,缀为串。如今,十二生肖香包大行其道,成为四季供应的旅游工艺品。

端午是平安度夏、驱疫辟邪的节日。在这"主旋律"之外,传统民俗还奏响别具情调的"小曲":马生日。这见于周密于元初所撰《武林旧事》,书中追忆南宋杭州端午风俗:

> 俗以是日为马本命,凡御厩邸第上乘,悉用五彩为鬃尾之饰,奇鞯宝辔,充满道途,亦可观玩也。

端阳节里优待马,要着意为马打扮一番。马鬃马尾系上五彩丝绦,再配上装饰华美的鞍子,戴上漂亮的辔头。一时间,满街的马匹都换了新装,成为都市一景。

"以是日为马本命",依据何在?在端午的日期。古代正月建寅,依次排下来,五月恰为午月,论属相则是逢马的月份。此外,古人还有一个习惯,在特定的语言环境,径称"五"为"午"。这样一来,尽管从干支纪日的角度讲,五月初五这一天,不一定逢午,但人们还是称其为午日。端午之午,既是午马之午,以此日为马本命,便是有因由有依据的了。

生肖文化藤上的花,这里再说祭马祖。清代《听雨丛谈》说:"今满州祭祀,有祭马祖者。"清代嘉庆年间进士张祥河写诗记此,题为《马祖》:"我马真称意,栈豆偕辛苦。兹来综驿传,羽书正傍午。"午为马,《马祖》诗吟"正傍午",可谓神来之笔。

十二生肖香包　甘肃庆阳

五彩长命缕

农历五月五日端午节,这是赛龙舟、吃粽子的节日,是悬艾虎、挂钟馗、戴香包,以辟邪为主题的节日。

在我国西北地区,民俗端午佩戴十二生肖香包。其渊源,可追至汉代《风俗通》所记端午佩戴"长命缕"的风俗。这种香包,以五色

端午马生日

马香包　甘肃庆阳

马社火

李振球、乔晓光

社火　剪纸　山西

"社火",是民间节日风俗中表演的一种大型民间艺术活动,流行于黄河流域的许多乡村。每逢农历正月十五前后,各村选出精明强壮的男女,装扮成各种各样的民间神话及戏曲人物,在锣鼓鞭炮声中走街串巷、转院踏青,意在以正压邪、祈求吉祥平安和五谷丰登。

民间"社火"的种类很多,有骑马表演的马社火,在车上表演的车社火,游行时表演的平台社火,还有扎在各种芯子上的高芯社火以及耍狮子、跑旱船、踩高跷、舞龙等传统项目。陕西宝鸡地区是我国古代文化积淀深厚之地,民间社火十分兴旺红火。这里每年正月十五举行的"马社火"活动,都把春节节日气氛推向最高潮,届时男女老少争相观看,以领享这古老社火威武雄壮的戏趣和新春佳节的欢娱之情。

"社火"又称"社虎"或"射虎",其文化渊源十分悠久。甘肃《永昌县志》载:"立春前一日,迎春东郊,师巫、社伙(火)杂陈百戏,庶民纵观之。"陕西《洛川县志》的岁时民俗中也有记载:"初五以后,各乡村于晚间扮演秧歌、社火、竹马、狮子等戏,至十五止,亦岁首娱乐之意也。"《省通志稿》云:"社火、秧歌之戏,略仿古傩礼。""社火",作为一种举行于乡村自然中的大型民俗活动,其根源正是与远古图腾崇拜相关的傩信仰习俗的遗存。傩在中国古代是一种驱除疫鬼的巫术仪式,有史记载周代已有傩祭,称为"国傩",这是朝廷中举行的祭奠仪式,民间举行的傩称为"乡傩"。春秋战国时代,中原地区已盛行傩

地傩戏马头　木雕　贵州安顺

陕西宝鸡地区的马社火

陕西宝鸡踏青的马社火

丝路古镇甘草店马社火

马社火

祭，东汉张衡在《东京赋》中也记有朝廷傩祭的场面。唐宋以后，由于儒、道、佛文化在民间的影响，中原地区傩仪活动中巫文化内涵逐渐消失，但傩舞的习俗仍保留在民间年节的风俗活动中，傩舞逐渐演变为傩戏。正月十五前后，中原民间的社火活动也正是古老傩文化的遗存和变异。南方楚地的民间乡村则更多保留下来傩舞中的巫文化性质。后世的民间"社火"，由多种杂戏组成，在这里古老傩祭中的方相氏和其率领的十二兽，则由众多民间神话传说人物及戏曲人物替代。在此，古老的傩文化由单纯的驱邪娱神，转变为以娱人为主，带有驱邪求吉性质的节日民俗活动。

古老的傩仪式，是以面具象征进行的巫文化活动。这种古老的方式在江西、贵州、湖北、湖南等一些偏僻的乡村，还保留着其巫文化的形式原型。中原地区的民间社火，多以脸谱化妆的形式进行。社火脸谱与戏剧脸谱相似，且又不同。"社火"表演的人物角色，不以唱腔取胜，因此，在脸谱的造型及色彩上比之戏曲脸谱更为强烈、更程式化。陕西宝鸡地区陇县残存的清代"社火"脸谱，造型粗犷豪放，笔力雄健，色彩强烈，质朴明快，颇具神奇之韵。脸谱的色彩在表现人物性格上十分讲究，黑为正，白为奸，红为忠，黄为暴，蓝为草莽，绿为侠义，金为异。宝鸡地区"社火"脸谱的程式在寓意上也十分鲜明，如伏羲，脸谱上画成伏羲八卦中的乾、坤、震、巽等八卦符号，扮演"五毒"角色的分别在脸谱上画蛇、蝎、蜈蚣、蜥蜴、癞蛤蟆，脸谱的程式角色体现出鲜明、浓厚的民间感情色彩。

甘肃陇东地区的马社火

宁夏德龙的马社火

陕西陇县的马社火

马社火祭神

给马社火挂红

安徽傩戏踩地马

社火马勺脸谱

六盘山马社火

马社火

马神崇拜

宋长宏

马王神位　年画　河南开封

《新燕语》：南中于岁之六月二十三日恒祭炎帝，而都城内外骡马夫，皆出钱以祭马王。是日车价昂至数倍，向客娈素，名曰乞福钱。其祭吊用全羊一腔，不用猪，谓马王在教，不享黑牲肉也。其象则三目一四臂，狰狞可怖。此图所画，正符其说。是养牛马之家供奉的神像。

马祖与天驷

中国古代崇拜马祖，并举行种种祭祀仪式。从文献记载来看，至少在周代就已经盛行马祖崇拜。春日祭祀马祖在周代成为一种定例。《周礼·夏宫·校人》："春祭马祖，执驹。"《周礼·夏官·廋人》也有"祭马祖"的记载。除春日定期举行马祖祭祀仪式外，周天子田猎之时，也必先祭马祖。《诗·小雅·吉日》："吉日维戊，既伯既祷。"既伯既祷，《说文解字》引《诗》作"既杩既祷"，可见"伯"即等于"杩"。"伯"就是马祖。毛传："伯，马祖也。"应劭注《汉书·叙传》"类杩厥宗"的"杩"时也云："杩，马祖也。"古代动用马匹，如田猎、征战等必先祭祀马祖。周天子因为外出需动用马力，所以要事先祭祀马祖以求其保佑。毛传释《诗·小雅·吉日》"既伯既祷"云："伯，马祖也。重物慎微，将用马力，必先为之祷其祖。"《尔

水草马枥　神马　印本笔绘　清末　南通

马枥即马槽之神，即马王，也称水草马明王。我国周代春祭马祖，明清以来六月二十三日祭马王。

马神崇拜

敕封天驷马王爷之神位　江苏高邮

雅·释天》中也说："既伯既祷，马祭也。"应劭注《汉书·叙传》"类祃厥宗"的"祃"时也云："祃，马祖也。马者，兵之首，故祭其先神也。"

马祖以外，还定期祭祀其他与马有关的神。《周礼·夏官·校人》："夏祭先牧，颁马攻特；秋祭马社，臧仆；冬祭马步，献马，讲驭夫。"先牧、马社、马步都是与马有关的神的名字。郑玄注："先牧，始养马者，其人未闻"；"马步神为灾害马者"；"马社，始乘马者。《世本》作曰'相土作乘马'。"孙诒让正义"牧地及十二闲之中，盖皆为置社，以祭后土，而以始制乘马之人配食焉，谓之马社也"。夏日祭祀"始养马"的先牧神，并举行为牡马"攻特"（去势）的仪式。秋日祭祀"始乘马"的马社神，传说商始祖契之孙相土始"作乘马"，秋日祭祀的可能就是相土。冬日祭祀马步神，马步神为"灾害马"者，祭祀此神，以保佑马匹免受灾疫。

周代以后，祭祀马神的仪式仍然存在。据《史记》记载，汉武帝就曾命令祭师按照古代的礼仪在太一坛旁祭马行（马步）。《史记·封禅书》："有上书言：'古者天子常以春解祠……（祀）马行，用一青牡马。'（武帝）令祠官领之如其方，而祠于忌太一坛旁。"可见汉代仍行祭祀马神的古礼。此礼到了隋代，仍然保持不变。《隋书·礼仪志》记载："隋制，常以仲春用少牢祭马祖于大泽。诸预祭官皆于祭所致斋一日，积柴于燎坛，礼毕，就燎。仲夏祭先牧，仲秋祭马社，仲冬祭马步，并于大泽，皆以刚日，牲用少牢，如祭马祖，埋而不燎。"可见隋代所祭马神的时间、神名与《周礼》所记相同。但周代所祭马神的仪式已不可详考，而《隋书》则记载了具体的祭祀仪礼，如祭官要斋戒，所用牺牲为"少牢"，祭祀马祖时牺牲要"就燎"，祭祀其他马神则"埋而不燎"。隋代祭祀马神的仪礼显然是在效法周代古礼，《隋书》所记《周礼》中未见的内容也许就是先秦古制，这使我们对古代祭祀马祖的礼仪有了更加详细的了解。

隋代在动用兵马时也要祭祀马祖。据《隋书·礼仪志》记载，隋炀帝在大业七年（611）征辽东时，就曾遣诸将"于蓟城北设坛，祭马祖于其上"。其他马神也同时并祭。"又于其日，使有司并祭先牧及马步，无钟鼓之乐。"这与《诗·小雅·吉日》毛传"将用马力，必先为之祷其祖"形同一辙。

唐宋时期，仍行马祖之祭。唐张说《大唐陇右监校颂德碑》："若夫春祭马祖，夏祭先牧，秋祭马社，冬祭马步，敬其本也。"宋吴自牧《梦粱录·八日祠山圣诞》："府第及内官迎献马社，仪仗整肃，装束华丽。"

马祖是古人所崇拜的神灵，是马之祖神，其最早来源可能与马生殖崇拜有关。马祖的功

马神　木雕　民国　湖南泸溪县
道教的神明，全称"灵官马元帅"。传说长有三只眼，又称"三眼灵光"、"三眼灵曜"。

天马，所以又称房宿为天驷或房驷。《国语·周语中》："驷见而陨霜。"韦昭注："驷，天驷，房星也。"房宿被认为是天马之神，也因此获得了许多与马有关的别号，如"马星"、"马祖"、"马龙"、"马王"等。郑玄注《周礼·春官·校人》"春祭马祖"云："马祖，天驷（房星）也。《孝经说》房为龙马。"

房宿与心宿又被称为"辰马"，同属东方苍龙七宿。《国语·周语下》："月之所在，辰马农祥也。"韦昭注云："辰马，谓房心星也。心星，所在大辰之次为天驷。驷，马也，故曰辰马。"

天驷星被视为马祖神，故而人们常常将二者相提并论。唐人仲春祭祀马祖时，其祝词中就将"马祖天驷"并在一处。据《通典》卷一三三记载，祭马祖，"太祝持版进于神座之右，

能主要有二：首先是掌管马匹的繁殖，仲春之时，马正处于发情期，所以要祭祀马祖，以乞求马匹丰收；其次，马祖又是战神，它能保佑人马平安，所以在战争、田猎之时要祭祀马祖。

先牧、马社、马步等神灵可视为马祖的不同变体，先牧、马社这两个神灵为人类驯服了马匹，使马能够为人乘驾，人们感其恩德，故祭祀之。而马步（马行）神，主马的灾疫，人们所以奉祭此神，是为了使马匹免受灾疫。按一般民间信仰的规律，这三个神灵的职能是可以最后统一到马祖身上的，或者可以说，这三个神灵是马祖在不同时间（夏、秋、冬）的变异表现形式。

马祖神还被人们与天上的星象联系起来。天驷就是马祖神星象化的结果。古代以房宿为

傩堂戏马神面具

马神崇拜

牛马平安　墨版年画　晚清　山东聊城东昌府

人马平安　年画　云南丽江

东面跪，读祝文曰：'维某岁次月朔日，天子谨遣具官臣姓名，昭告于马祖天驷之神，爰以春季游牝于牧，祗荐制币、牲齐、粢盛、庶品，明荐于马祖天驷之神，尚飨。'"天驷星也被视为兵神和车马之神，并于农历六月二十三日祭祀。清富察敦崇《燕京岁时记·祭马王》：

"马王者，房星也。凡营伍中及蓄养车马人家，均于六月二十三日祭之。"

天驷星的信仰功能与马祖神的信仰功能是一致的，因而天驷信仰实际上是马祖信仰星象化的结果，是马祖崇拜与星象崇拜相结合的结果。这种信仰观念的形成自然与汉代以来的谶纬之学有关，但谶纬之学背后仍深深地埋藏着原始的民间信仰。我国北方许多信仰萨满教的民族，如蒙古族、满族等，他们的观念中就既有具体的牲畜保护神，同时也视北斗七星为牲畜的保护神。

马诞日与马神庙

马是中国民间的主要役畜，对于农牧经济作用甚大，所以被尊奉为马王。旧时民间多在马王圣诞之日，举行种种敬神活动。

居庸关马神庙

位于北京居庸关长城的马神庙，原建于明弘治十七年（公元1504年），1997年重修。

马王生日，全国各地时间不一。汉族民间许多地区以阴历正月初六或七月十五为马王生日，其他一些民族则有自己的马王生日，如畲族以阴历三月二十三日为白马王生日。尽管各地区、各民族马王生日的节期不一样，但举行的仪式却是大同小异的。

正月初六为马王诞生之日，这是一种相当古老的习俗。《荆楚岁时记》按董勋《问礼俗》曰："正月一日为鸡，二日为狗，三日为羊，四日为猪，五日为牛，六日为马，七日为人。"六日为马，这里的马不是一般意义上的马，而是创世纪中的马。这一天禁忌打马、骂马，更禁忌杀马，民间有所谓"一日不杀鸡，二日不杀狗，⋯⋯六日不杀马"说。有些地区还在此日举行仪式，人们面对马厩，大声呼喊"牛马鸡畜令来"，以求马业兴旺。民间还在这一天根据天气的阴晴来占卜当年养马之兴衰，晴主育，阴主灾。宋高承《事物纪原·正朔历数·人日》："东方朔《占书》曰：岁正月一日占鸡，二日占狗⋯⋯六日占马，七日占人，八日占谷。其日晴明温和，为蕃息安泰之候；阴寒惨烈，为疾病衰耗之征。"

许多汉族地区以阴历七月十五日为马（和其他牲畜）的生日，这一天要停止使役马牛等畜类，给它们喂一些好吃的东西，并举行

北京马神庙街旧影

河北蔚县马王庙

马王爷

马神崇拜

种种敬马牛的仪式和其他祭祀活动。否则，民间以为会得罪畜神，不吉利。河南林州一带，在农历七月十五这一天凡有牲口的农家晚上还做一锅炒米饭给牲口吃。民谚云："打一千骂一万，七月十五吃顿炒米饭。"还要燃放鞭炮，庆贺六畜兴旺。这一天不管怎样忙，也不能使用牲口，更忌讳借给外人使用。

有些地区在新年等节日也举行敬马的仪式。汉族一些地区大年初一禁止使用牛马，同时还要给牛马一些好吃的东西，如饺子之类。云南沧源一带的佤族人过春节时，首先要向寨王敬拜，然后再向自家父母敬拜，接着还要向骡马、耕牛等表示敬意，还要给牛马喂一顿糯米饭。这些敬马仪式是古人崇拜马的一种表现。

旧时全国许多地区还建有马神庙，以祭祀马神。民间称马神为马王爷、马明王等。马王爷，是民间信仰的司马之神。马王爷传为西汉大臣金日磾。金日磾为匈奴休屠王太子，字叔翁，武帝时从昆邪王归汉，任马监，后拜为侍中。其相貌奇特，在武帝左右，目不忤视。金日磾为汉家养马业做出了重大贡献，后被民间尊为神圣。旧时全国各地马王庙甚多，祭祀相当普遍。马神庙中有马王爷像，旁有神马。马王爷像为四臂三目，故俗语有"马王爷三只眼"。马夫、骡马商、农家在阴历六月二十三日祭祀马王爷。据说马王爷不享黑牲肉，所以多以白羊献祭，不用黑牲。《新燕语》："祭品用全羊一腔，不用猪，谓马王在教，不享黑牲肉也。"古代"六畜不相为用"的惯制，也禁忌用马肉献祭马王。《左传·僖公十九年》："六畜不相为用。"杜预注："六畜不相为用，谓若祭马先，不用马。"北京广渠门内有马神庙，其中就供奉着马王神像。有些地区马神是和牛神等其他神灵共处一庙的。今山西临汾西北25公里的魏村，有牛王庙，庙里就供奉着马王、牛王和药王的塑像。祭祀或朝拜者的动机除了

马王爷

道教的神明，全称"灵官马元帅"。传说长有三只眼，又称"三眼灵光"、"三眼灵曜"。

祈求马匹兴旺外，也有把马作为战神来崇拜的。明末太监岑章镇辽东时，曾在广宁南建马神庙，其建庙的动机就是马中锡《马神庙碑记》中所说，是因为"马实边镇重务"。

马神庙里的马王爷和蚕女庙里的马头娘神显然有两个来源，但在民间常常将二者混为一谈，因此马王爷和马头娘都有马鸣（明）王等称呼，许多地区的马神庙里的马神也具有了保佑蚕业丰收的信仰功能。在浙江杭嘉湖地区，蚕农除祭祀蚕神外，还要祭祀蚕花五圣。关于蚕花五圣，有人说是马头娘，也有人说是三目六臂的男神形象。这两种说法正反映了马神与蚕神逐渐合流的过程。

牛头马面

牛头马面是中国民间信仰中的地狱鬼卒。中国民间信仰宇宙三界观，认为宇宙分为上中下三界：上界即天界，是天神的世界；中界即地上界，是人类的世界；下界在地下，是人们死后的去处，即阴间。正如人间有各种统治阶层一样，在阴曹地府也有各级管理者，其中最有实权、影响最大的要属阎罗王。其他阴间鬼卒官吏有黑白无常、判官鬼吏、十殿阎王以及牛头马面等等。

牛头马面是阴曹地府中数量最多的鬼卒。牛头鬼卒生得牛头，人身，人手，牛蹄，手中常持一把钢叉。马面鬼卒长有马头人身。它们受阎罗王支派，常在阴间和阳界行走，以捉拿或处罚有罪之人。

牛头马面最早称"牛头阿旁"，是佛经中的地狱鬼卒。《法苑珠林》卷十二中说："阎罗王者，昔为毗沙国王。经与维陀如生王共战，兵力不敌，因立誓愿为地狱主。臣佐十八人，领百万之众，头有角耳，皆悉忿怼，同立誓曰：后当奉助，治此罪人。毗沙王者，今阎罗王是。百万之众，诸阿旁是。"这里的"头有角耳"的百万阿旁，就是后来的牛头鬼卒。《五苦章句经》："狱卒名阿旁，牛头人手，两脚牛蹄，力壮排山。"

佛经记载来看，原只有牛头，即牛头阿旁，没有马面。因为中国人最讲究对称、成双，所以又牛头配上了马面。清人俞樾《茶香室三钞》卷二十中认为，"古止是牛头，其马面则后人以配牛者耳"。鲁迅先生也这样认为。《朝花夕拾·无常》："然而那又究竟是阴间，阎罗天子，牛首阿旁，还有中国人自己想出来的马面。"

唐敦煌变文《目连救母》中提到了"马面"。文中说："目连行前至一地狱，狱中数万人总是是牛头马面。"《通俗编》引《冥祥记》也记载有关牛头马面的传说："宋何淡之得病，见一鬼，形甚长壮，牛头人身，

祭祀　剪纸　河北

牛头　雕塑　山西榆次城隍庙

马面　雕塑　山西榆次城隍庙

马神崇拜

马面　雕塑　山西榆次城隍庙

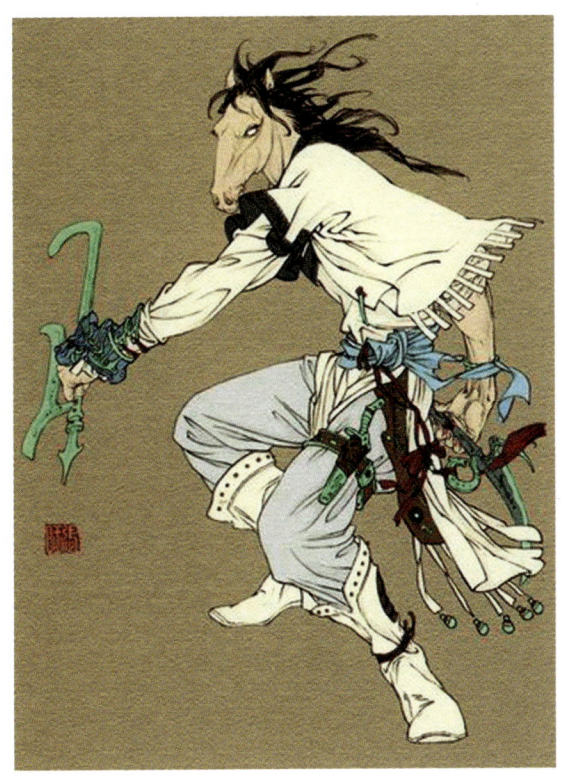

马面

手执铁叉。沙门慧义曰：此牛头阿旁也。《传灯录》：国清奉曰：释迦是牛头狱辛，马祖是马面阿旁。"

为什么中国人以马面来配牛头呢？这与中国固有的一些俗信仰和习惯有关。牛头、马面这样的形象实际上在中国很早就已经出现了。《山海经》中有许多半人半兽的形象，其中就有"牛首人身"、"人首马身"等半人半牛或半人半马的形象。也因为马与牛一样，是中国最主要的畜力，体壮，力大，善走，只有这样的动物才能与牛头相配作为地狱鬼卒来人间捉拿为非作歹者。再者，将牛马并称已经是人们的一种言语习惯，如"作牛作马"、"呼牛呼马"、"牛溲马勃"等。佛教传入中国后，其地狱观念和中国原有的民间信仰及语言习惯结合一处，于是就有了牛头马面的形象。因此，中国民间信仰中的牛头马面神，应是佛教与原始信仰和人们的言语习惯相结合的结果，而不是单纯的佛教影响的结果。

与马面鬼卒类似的形象还有六丁六甲中的甲午神将韦玉卿。六丁六甲包括十二位神，其得名全部来自天干地支，属于值日神之类。据《三才图会》、《老君六甲符图》等载，六丁六甲包括丁卯神将司马卿、丁丑神将赵子任、甲申神将扈文长、甲午神将韦玉卿等。这些神灵均被描绘成半人半兽的形象，其中的甲午神将韦玉卿，就是马首人身的形象。这种半人半马的形象，也是人们的马神崇拜意识的一种反映。

六丁六甲之甲午神将

马神崇拜

蚕神马头娘

宋长宏

此夫身女好而头马首者欤？"这个谜底将蚕与女人、与马连在了一起。

蚕女故事的完整记载在魏晋时期。晋干宝《搜神记》卷十四"女化蚕"条载：

旧说太古之时，有大人远征，家无余人，唯有一女。牡马一匹，女亲养之。穷居幽处，思念其父，乃戏马曰："尔能为我迎得父还，吾将嫁汝。"马既承此言，乃绝缰而去，径至父所。父见马惊喜，因取而乘之。马望所自来，悲鸣不已。父曰："此马无事如此，我家得无有故乎？"亟乘以归。为畜牲有非常之情，故厚加刍养。马不肯食。每见女出入，辄喜怒奋击，如此非一。父怪之，密以问女。女具以告父，必为是故。父曰："勿言，恐辱家门，且莫出入。"于是伏弩射杀之，暴皮于庭。父行，女与邻女于皮所戏，以足蹙之，曰："汝是畜生，而欲取人为妇耶？招此屠剥，如何自苦？"言未及竟，马皮蹶然而起，卷女以行。邻女忙怕，

先蚕祠 江苏省吴江市盛泽镇有先蚕祠，供奉嫘祖，作为祭祀蚕丝行业祖师的公祠。据史书记载，嫘祖为黄帝正妃，她首先驯养家蚕、创造蚕丝业而被人们奉为"先蚕娘娘"，尊为"万邦之母"、"民族之母"、"人文女祖"。

蚕神身上也有马的影子。在民间，蚕神为一个长着马头的姑娘形象，所以又叫马头娘。蚕神马头娘的形成有一过程。

马头娘的原型大概是《山海经》中的蚕女。《海外北经》："欧丝之野在大踵东，一女子跪据树欧丝。"郭璞注云："言噉桑而吐丝，盖蚕类也。"晋张华《博物志》也有类似的记载："呕丝之野，有女子方跪据树而呕丝，北海外也。"这里记载的神话把蚕和女子联系在了一起，"跪据树而呕丝"的女子就是蚕女。

将蚕、女人与马联系起来较早的是荀子的《蚕》。荀子作有《赋篇》，以谜语的方式描述了几种事物，如云、箴等，其中也有蚕。《蚕赋》："名号不美，与暴为邻。功立而身废，事成而家败。弃其耆老，收其后世。"多像一幅谜面！赋中还揭开了谜底，"五泰占之曰：

马头娘石刻拓片 清 中国丝绸博物馆藏

不敢救之，走告其父。父还求索，已出失之。

后经数日，得于大树枝间，女及马皮尽化为蚕而绩于树上。其茧纶理厚大，异于常蚕。邻妇取而养之，其收数倍。因名其树曰"桑"。桑者，丧也。由斯百姓竞种之，今世所养是也。言桑蚕者，是古蚕之余类也。

可见蚕女故事至少在魏晋时代就已经成型了。到了唐代，这个故事又有了新的变异。《原化传拾遗·蚕女》和孙颜《神女传·蚕女》记录了流传此时的异文。《太平广记》卷四百七十九引《原化传拾遗·蚕女》云：

蚕女者，当高辛帝时，蜀地末立君长，无所统摄，其人聚族而居，递相噬侵。蚕女旧迹，今在广汉，不知其姓氏。其父为邻邦掠去，已逾年，惟所乘之马犹在。女念父隔绝，或废饮食。其母慰抚之，因告诉于众曰："有得父还者，以此女嫁之。"部下之人，唯闻其誓，无能致父归者。马闻其言，惊跃振迅，绝其拘绊而去。数日，父乃乘马归。

自此马嘶鸣不肯饮龁。父问其故，母以誓众之言白之。父曰："誓于人，不誓于马。安有配人而偶非类乎？能脱我于难，功亦大矣，所誓之言，不可行也。"马愈咆。父怒，射杀之，曝其皮于庭。女行过其侧，马皮蹶然而起，卷女飞去。旬日，皮复栖于桑树之上，女化为蚕，食桑叶，吐丝成茧，以衣被于人间。

父母悔恨，念之不已，忽见蚕女，乘流云，

蚕花茂盛 民俗版画 江苏苏州

图上画一蚕神娘娘（又称马头娘、马明王）戴冠子，手抚一盆蚕茧，坐在一匹斑马上。江浙一带养蚕人家，在蚕眠期不准生人入内，多以此贴手门上，以保蚕之安全。蚕神故事见《太平广记》卷四七九"蚕女"。

蚕神马头娘

马头娘像

驾此马，侍卫数十人，自天而下，谓父母曰："太上以我孝能致身，心不忘义，授以九宫仙嫔之任，长生于天矣，无复忆念也。"乃冲虚而去。

今家在什祁、绵竹、德阳三县界，每岁祈蚕者，四方云集，皆获灵应。宫观诸化，塑女子之像，披马皮，谓之马头娘，以祈蚕桑焉。《稽圣赋》曰："安有女，感彼死马，化为蚕虫，衣被天下是也。"

唐以后，马头娘神话仍在继续流传，文献中也有一些记载，如宋戴埴《鼠璞》卷下"蚕马同气"条引唐《乘异集》、元无名氏《三教搜神大全》卷三"蚕女"条、清姚福均《铸鼎余闻》等等。一直到今天，在我国南方产蚕区还能收到马头娘的神话故事。故事发生的时代、地点和某些细节虽然有些差异，但基本情节模式和主要内容一直保持不变。

马头娘神话之所以千古流传，是因为神话里蕴含着人们的精神信仰。马头娘作为蚕神，一直是人们所崇拜的对象。蚕区的人们视马头娘为菩萨，称神为"马明菩萨"，又作"马鸣王菩萨"、"马名菩萨"。这些名称的来由，都源于此。宋戴埴《鼠璞》卷下："俗谓蚕神为马明菩萨，以此。"清翟灏《通俗编》引《七修类稿》："马头娘，本荀子《蚕赋》'身女好而头马首'一语附会，俗称马明王，乃神通之号，或作鸣。"

民间还乡为蚕女立庙祭祀。明田汝成《西湖游览志》卷十："北高峰，石磴数百级，山半有马明王庙。春月，祈蚕者咸往焉。"甚至一些佛寺中也立有马明王像。清光绪年间《嘉兴府志》中说："马头娘，今佛寺中亦有塑像，妇饰而乘马，称马鸣王菩萨。乡人多祀之。"清光绪年间的《桐乡县志》亦引乾隆年间李廷辉《蚕桑词》云："绿遍郊原是女桑，村村竞赛马头娘。"可见当时祭蚕神之风极盛。

崇拜马头娘之俗近世尚存。据学者们调查，杭嘉湖蚕乡在新中国成立前随处可见蚕神庙，一些大庙中也配祀蚕神马头娘。每逢过节，货店出售神马，马头娘是其中一种。近代所能见到的神像，多为一女子骑一匹马上，手里捧着一盘茧子，也有的是一女子身旁站一匹马的。甚至还有一些更古老的遗存，如20世纪30年代的江苏宜兴地区尚存在这样的蚕神像：一女子头顶罩一马头，身上披马皮，端坐，手捧茧子。民间尚有各种祭祀活动。即使是到了新中国成立后，仍有些地方偷偷地搞祭祀活动。在杭嘉湖民间，至今还流传着马明王菩萨的故事和歌谣。

蚕神形象体现了蚕、马、女人三者的统一。蚕神为女性这一点是不足为奇的。养蚕业的发明者嫘祖是女性，后世蚕丝生产的主角也是女性。女性在男耕女织的社会里独当着"织"这

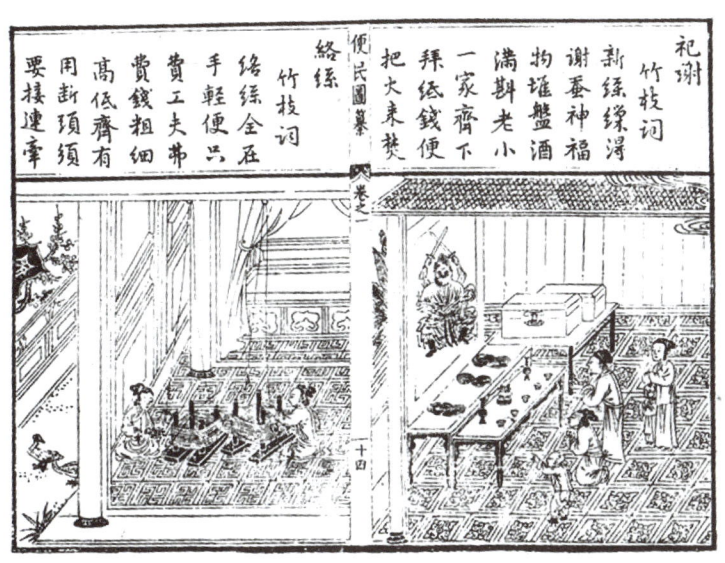

祭蚕神

女性的象征；而马主要与男性相伴，所以成了男性的象征。蚕女神话中最基本、最重要的情节就是女人与牡马的结合。这里的人马结合或许是一种以男女相交的方式促使蚕业丰收的巫术行为。联系到国内外一些农业民族中曾以男女性交之事行促使作物丰收之礼，使我们不能不作如是说。千百年来，蚕区人民津津乐道地讲述人马成婚的故事，其他细节都有所变异而独此不变，说明人们正是在潜意识里复制着男女相交促蚕丰收这一古老的礼仪。

蚕神马头娘

重要一面，自然应当上升到神的地位。不好理解的是蚕神形象为什么会有马的成分，而且是重要部位——头呢？

人类对动植物某种信仰意义的获得往往有这样一个规律，人们总是能在动植物中找到与人或物有关的某种恰似点，或取其形，或取其声，或取其色，或取其味，或取其性，或兼而取之，赋予一定的意义。取其形者，如瓜瓞绵绵；取其声者，如鲤鱼荷莲；取其色者，如松柏长青；取其味者，如香花比美女，恶草喻小人；取其性者，如萱草之解忧，合欢之触忿。蚕神被赋予马头形象正是人们取蚕首与马头形似的结果。蚕的形状像马，荀子《蚕赋》中就将蚕首与"马首"联系起来。蚕的头部高高昂起真及蚕吃桑叶的动作也与马相似。马在民间还被视为大物，大蚕很容易使人联想到马。大蚕（马蚕）同时意味着丝多，丝多则预示着丰收，而能保佑蚕丝丰收者才会被尊为神明。蚕与马之间的种种恰似点深深地印在人人们头脑里，以至人们为蚕神赋形时不能不想到马。

还有一点可能是，蚕神马头女身象征着男女交媾。蚕因为一直与女性相伴，所以成了

湖州含山蚕神像

马上封侯

晓梧

侯为中国古代的爵位之一。在《礼·王制》中记载:"王者之禄爵,公、侯、伯、子、男,凡五等。"自此以后,五爵虽有变化,比如汉代只有王、侯二等,明代只有公、侯、伯三等,但历代都有侯爵。人们希望加官封侯,为表达此种心愿,便选择猴为象征。

马上封侯,是由猴子和骏马组成的民间传统吉祥图案。"猴"取"侯"的谐音,猴子骑于马上,则是"马上"即立刻的意思,寓意功名指日可待。传说状元及第后要骑白马在京城游行三日方休,故民间凡祈盼求取功名的作品,多以骑马为主要表现形式。在广东纸马中,有一纸刻有六马的,取"六"与"禄"谐音,称"禄马",象征骑马"坐"官,禄位高升。

民间另有说法:在马厩中养猴,马就不会得病。此为迷信,就与"封侯"无关了。

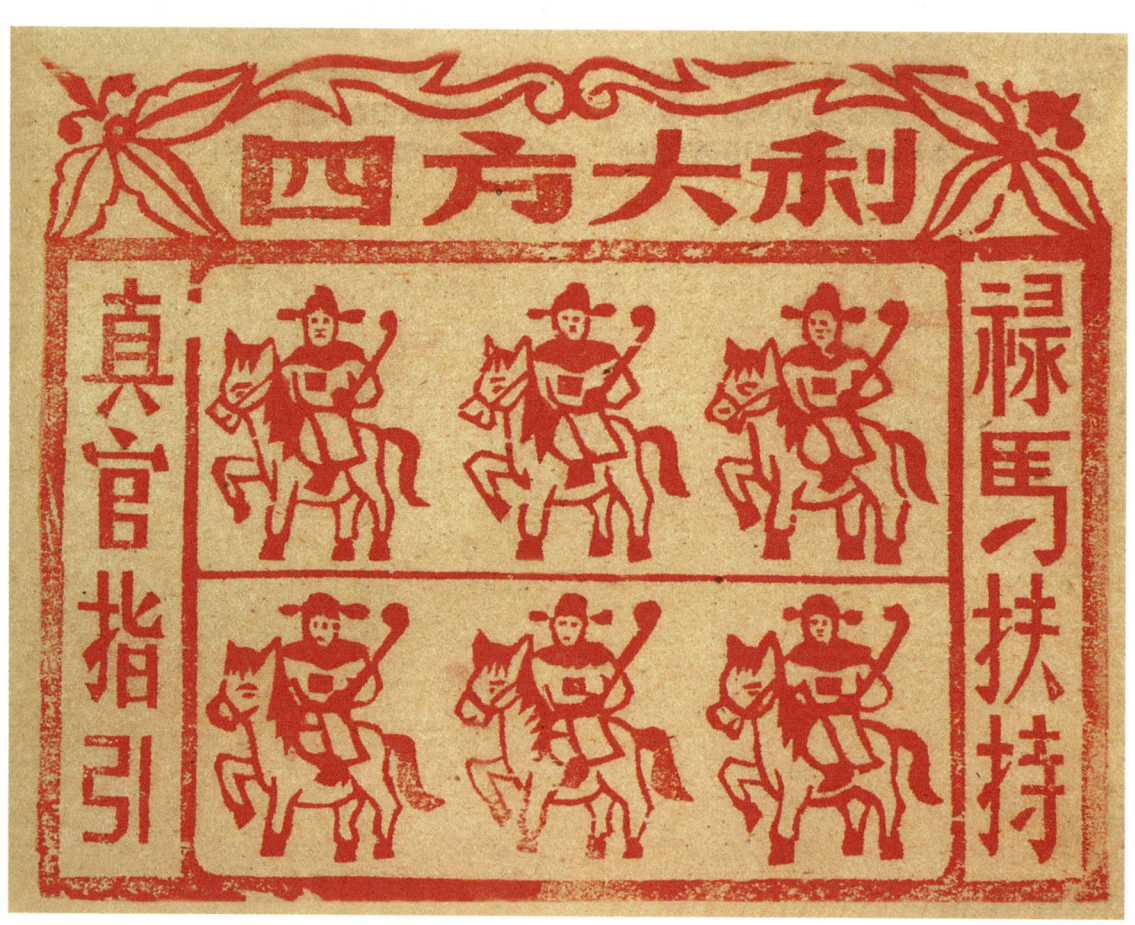

四方大利　纸马　广西南宁

马上封侯　翠玉雕　清代　常熟市博物馆藏　　状元骑白马

马上封侯

状元游舒　年画　清代　山东潍县
　　中取状元是读书人最高的荣华名誉，图中画一状元坊，一文一武两状元并辔而行，前有旗锣开道，后有伞盖遮掩，空中一"魁星"，是点取状元的天上神星。图上题词："忠厚世世传，功德大为天，冰雪在地舍衣穿，也修桥，也铺路，修的后代文武三状元。"是劝人休要为富不仁，要舍衣食救人才能有德行，得好报应的宣传。是贴于内室的装饰品。

状元及第　门画　清代　山东聊城东昌府

状元及第　门画　清代　山东聊城东昌府

马的禁忌

宋长宏

圈神　神马　印本笔绘　清末　江苏南通

马神崇拜的另一种形式就是马禁忌。马在民间被视为神圣的或具有重要功用之物，自然赢得了人们的崇拜，并因崇拜而形成了种种禁忌。

有关马的禁忌，以马日禁忌为最多。马日包括马诞日和动物纪年法中的属马日。中国不同地区、不同民族马日不同，但禁忌却往往相同：不许用马，不许打马，不许骂马，更不许杀马，不能不给马一些好吃的东西，否则，以为会得罪畜神，不吉利。这一天，民间更忌讳将马匹借给外人，认为这样就会影响到自家马匹的繁育。畲族以阴历三月二十三日为白马王生日，忌讳挑粪上田。否则会触怒神灵，影响收成。有的民族甚至把这种禁忌扩大到每月的属马日，如傣族每月属马日禁忌使役马匹。

马是供人役使的畜类，被人鞭打是难以避免的，但也存在一些禁忌。各地区、各民族的马诞日都禁止鞭打马。另外，蒙古族还禁忌鞭打马的头部。据《黄金史》载，成吉思汗骑马出行时曾因马失前蹄而用鞭子抽打马的头部，与他同行的札木合见之，讥笑成吉思汗不懂道理。这虽然是一个传说，但说明了蒙古民族对马的一种禁忌，而这种禁忌是任何人都应严格遵守的。

有些民族对马的怀孕和生产还存有许多忌

牧马图　魏晋南北朝砖画

出行图　魏晋南北朝砖画

马的禁忌

牧畜图　魏晋南北朝砖画

讳。鄂温克族猎到熊后，不能用骒马或公马往回驮运，只能用骟马往回驮运。他们认为，若用骒马驮运，马就会流产；若用公马驮运，公马就会像熊一样凶猛去咬人咬马。白族人家如有牛马生子，忌讳妇女进屋，以为这样会踩断牛马的奶水。白族人赶马时禁忌说出"豺、狼、虎、豹"等字或同音的字，犯忌者要受罚。塔吉克族放牧的母畜产子时，忌外人观看，以为不吉利。满族妇女怀孕五个月以上者，禁忌进入马棚内，也不许牵马。

马属役畜，不论是农业民族还是游牧民族，一般情况都不以马肉为主食。汉族民间认为马和牛一样，有功于人，不忍心杀之，除极端困苦情况下外，一般不吃马肉。类似的禁忌实际上在其他许多民族也都存在。

许多民族还存在马具禁忌。白族、阿昌族、鄂温克族、鄂伦春族等民族都忌讳女人从男人使用的马鞍子、马鞭子、套马杆上跨过。蒙古族也有类似的禁忌，禁忌的范围不但包括女人，也包括男人。

以上这些禁忌都是出于保护马匹或乞求马匹丰收这样一种动机而形成的。有些与马有关的禁忌则主要是从人的角度来考虑的。

汉族民间俗信：孕妇禁忌吃驴马肉。认为如果孕妇吃了驴马的肉，就会使孕期延长到十二个月，像驴马的孕期一样。"食驴马肉，令子延月。"这在唐代孙思邈著作中已经提到，说明当时已有此禁忌。

狩猎图　魏晋南北朝砖画

狩猎图　魏晋南北朝砖画

马在古代是人们的重要骑乘工具，人们在利用马匹出行或征战的过程中，也形成了种种禁忌。古代作战骑马出征时，忌讳马跌蹶，认为这是不吉祥的预兆。还有"雌马不上阵"的说法。忌讳骑雌马打仗，大概是以为雌总是弱于雄的，恐因此而招致失败。鄂温克族忌讳马牙挂在马镫上拿不下来（马咬马镫），据说出现这种情况，马的主人会死去。如果主人最喜爱的马突然死去，则表明是马代替主人承受了灾难。

一些民族对骑马作客也很讲究。哈萨克族、蒙古族、柯尔克孜族、塔吉克族等畜牧区牧民

北京国子监内的下马碑

互相往来多骑马。如去他人家中作客，忌讳快马至人家门口下马。因为只有报丧或传递不吉祥的消息时才这样，故而忌之。一般应是慢步绕到毡房后面下马，再步行至门前，这样显得对主人尊重。彝族、佤族、傣族等民族寨子多建有寨门。来访者骑马至寨门必须下马而行，禁忌骑马入寨。否则，被认为是对主人的轻蔑，会引起主人的反感。到塔吉克族中作客，忌讳骑马穿过羊群，也不能接近主人的羊圈或用脚踢羊。否则，被认为是大不敬，是欺主行为。汉族古代臣子骑马上朝或举行祭祀仪式时走到一定地点也要下马，有些地方还立有"下马碑"，如北京孔庙前就立有这样的碑，上写"官员人

陕西黄帝陵下马石

等至此下马"几个大字。这些禁忌，大概与马主战事有关，所以和平时期人们忌讳骑马特别是快速骑马进入家门。

其他与马有关的禁忌还有很多。哈萨克族对墓地十分重视，行人骑马路过墓地时不能疾驰而去，妇女则必须下马徒步走过。哈萨克族还禁忌乘马闯过羊群。鄂温克族忌讳带马鞭子的人进入产房。河南一带，人即将断气时，要把身下的毡子抽掉。民间有谚："断气不抽毡，来世难转人。"认为人死在毛毡上会转生为马牛羊等带毛的动物。民间建房择地则有这样的禁忌："前（南）高后（北）低，主寡妇习孤儿，门户必败；后（北）高前（南）低，主多牛马。"……

民间存在的种种与马有关的禁忌，是人们对马的崇拜心理的一种表现。马在古代被人们奉为神灵，神灵具有神圣不可侵犯性。马匹在生产、生活、交通、运输、征战等方面的重要作用，也必然会引起人们的尊敬、热爱和感激之情。人们总是希望得到更多的马匹为自己服务，唯恐某些不慎的言行影响到马匹的繁殖、生长，所以才产生了许多旨在保护马匹的民间禁忌。至于那些以人为中心的与马有关的禁忌，则是人们在长期使用马匹的过程形成的"以马及人"、"人马感应"的思维方式造成的。比如，马经常与战事联系起来，骑快马入别人家门去作客自然会引起主人的忌讳；马的孕期较长，孕妇食马肉则被认为会"延月"，这显然是"以马及人"、"人马感应"这样一种思维方式的产物。民间与马有关的禁忌形式可谓五花八门，但都出于一种对马匹的敬畏心理。

马的禁忌

骑猫图　汉画像砖

十二属之马犯牛　年画　清代　天津杨柳青

马祭习俗

宋长宏

西周丰镐车马坑

祭祀是中国古代的重要仪礼。用来作为祭品的牺牲有很多，最常见的是牛羊豕"三牲"。牛作为牺牲（"牺牲"二字本义也是牛的意思）最具代表性，所以汉字里"牺牲"二字均从牛。从世界各民族的祭祀习俗来看，以牛和其他动物为牺牲的较多，以马作为祭祀牺牲的较少。尽管以马为牺牲举行祭祀的仪式不甚普遍，但从一些文献的零星记载和考古发现来看，古代确实存在过这种祭祀习俗。

汉族先民马祭残迹

汉族先民中曾经存在过马祭习俗。夏、商、周人都曾以马为牺牲祭祀。《吴越春秋》："禹乃东巡，登衡山，血白马以祭。"商人马祭习俗在殷墟文化中有集中表现。甲骨文中多有用马作牺牲的记载。郭沫若《中国古代社会研究》云："马与鸡，在卜辞中也有用作牺牲的痕迹。"殷墟发现有数量众多的车马坑，关于这些车马坑的性质，长期以来争论不休。有人认为是殉葬坑，有人认为是祭祀坑，有人认为既有殉葬坑又有祭祀坑。学者们根据车马坑与周围遗迹的关系分析其性质，认为第三种观点比较切合实际。殷墟车马坑中，大司空村的4座车马坑、殷墟西区的7座车马坑以及1949年前在侯家庄、西北冈大墓和后冈大墓南墓道发现的车马遗迹，可能属于殉葬坑。小屯宫殿区发现的5座车马坑，是乙七宗庙基址南面包括100余座祭祀坑的祭祀遗迹的一部分；王陵东区发现的两座车马坑又为殷王王陵祭祀场的遗迹，这7座车马坑当为殷王室在宗庙或王陵祭祀他们祖先时留下来的遗迹，坑内所埋之马、车等当为贡献给殷王室祖先神灵的祭品和牺牲。当然，不能将殉葬与祭祀完全对立起来，殉葬也是祭祀的一种形式，只不过它是发生在死者入葬时的一种祭祀活动，而此处所说的祭祀坑则是指死者埋葬后定期举行的以真马等为牺牲的祭祀活动。这种活动在周代也可能存在。《周礼·夏官·大司马》："丧祭奉诏马牲。"孙诒让正义："《既夕礼》说士大夫遣奠云：'陈鼎五于门外。'注云：'士礼，特牲三鼎盛，葬奠加一等，用少牢也。'依彼注推之，则天子礼

陕西咸阳汉高祖长陵陪葬兵马俑

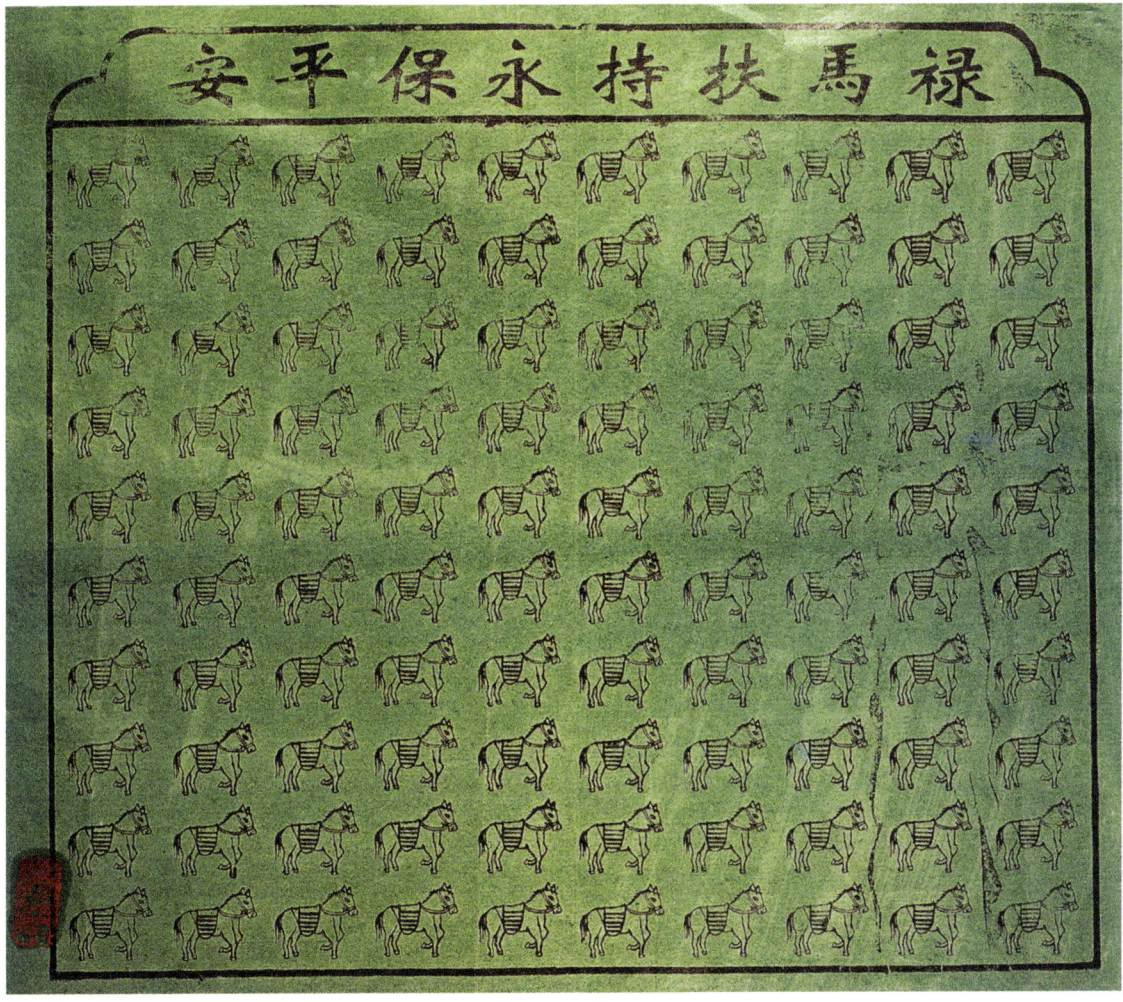

百马图　纸马　近代　广东东莞

纸马又称"甲马"。清代虞兆隆《天香楼偶得》："俗于纸上画神佛像，涂以红黄彩色，而祭赛之，毕即焚化，谓之甲马。以此纸为神佛之所凭依。似乎马也。"广东和香港过去都笃信星命学。故陆丰玄武山、香港黄大仙庙前算命卜卦的小摊鳞次栉比。除此之外，人们出行、建屋、经商、买货……也有一些纸马为其解厄除祟。"禄马扶持"是过年、出行、航海、网鱼等焚烧神灵上天时，必用的一张"百马图"。全图刻绘一百匹鞍辔齐备的骏马，温驯地站立着待命。

马祭习俗

用大牢，大遣奠加等，用马牲。"考古发现的周代车马坑数量也不少。

商周时期的马祭习俗主要流行于贵族阶层。影响到后世，在民间则形成了以纸马献祭的习俗。汉族民间祭祀时，常以纸马为祭品。清王棠《知新录》卷八："古者祭祀用牲币，秦俗牲用马。淫祀浸繁，始用偶马。唐玄宗渎于鬼神，王玙以楮为币。今俗用纸马以祀鬼神，亦即偶马之遗意也。"清赵翼《陔余丛考》卷三十也载，唐王玙用纸马祀鬼神，后遂在纸上画神像，涂彩色出售，祭神毕焚之，谓之纸马。纸马又称为"甲马"，包括纸马、纸车、纸轿、纸钱等。

甲马所画图像虽不仅仅是马，但都统称为纸马。农历八月十五祭祀月神的纸马，称为"月光马"，清富察敦崇《燕京岁时记》有载：

月光马者，以纸为之，上绘太阴星君，如

菩萨像，下绘月宫及捣药之玉兔，人立而执杵。藻彩精致，金碧辉煌，市肆间多卖之者。长者七八尺，短者二三尺，顶有二旗，作红绿色，或黄色，向月而供之。焚香行礼，祭毕与千张、元宝等一并焚之。

腊月二十四祭灶时的纸马，称"灶马"，宋孟元老《东京梦华录·十二月》："二十四日交年，贴灶马于灶上，以酒糟涂抹灶门，谓之醉司命。"明沈榜《宛署杂记·民风一》："祀灶，坊民刻马形印之为灶马。每年十二月二十四日，农民鬻以焚之灶前，谓为送灶君上天。"祭灶时，要在灶君像前焚香、烧纸，还要供奉草料等，最后将灶马和草料一同烧祭，认为这样灶王爷就会乘此马得以升天。这可能是以纸马献祭的最基本意义。古典小说《水浒传》中的戴宗所以被称为"神行太保"，就是因为他每次远行时都要将甲马拴在自己的身上，借助甲马使自己行走如飞。清虞兆隆《天香楼解得·马字寓用》："甲马，以此纸为神佛所凭依，似

甲马　近代　台湾鹿港

妖马　皮影　甘肃宁县

乎马也。"赵翼《陔余丛考》卷三十："昔时画神像于纸，皆有马以为乘骑之用，故曰纸马也。"以纸马行祭祀，与古代的马祭习俗有密切的联系。

中国少数民族马祭习俗

蒙古等民族的马乳祭和马祭

蒙古族祭天仪式中主要以马乳为祭品，有时也把马用作牺牲。据文献记载，成吉思汗、宪宗蒙哥汗都曾多次祭天。忽必烈即位后的中统二年（1261年）夏季四月己亥，曾亲自祭天于旧桓州（今内蒙古正蓝旗西北）。以后每年六月二十四日都要在上都举行祭天仪式。祭物主要是马湩（马奶）、羊、布帛等。张德辉《岭北纪行》："至重九日，王师麾下会于大牙帐，洒白马湩。其什器皆用桦，不以金银为饰，尚质也。四月九日，率麾下，复会于大牙帐，洒白马湩。"这里记载的祭祀日期为九九和四九日，祭品主要为马奶子。后来在上都举行的六月二十四日祭天仪式，不仅要用马湩，还要"用马一、羯羊八、彩缎练绢各九匹，以白羊毛缠若穗者九，貂鼠皮三"。祭品的内容发生了很大变化。蒙古族的这种传统的祭天仪式也被吸收到郊祭仪礼中。元代郊祀大体是按照前代传统礼制进行的，但也能看到蒙古的旧有特色，如以马湩、野马等具有蒙古特色的祭物进行祭祀活动等。元人萨都剌《上京即事》诗：

祭天马酒洒平野，
沙际风来草亦香。
白马如云向西北，
紫驼银瓮赐诸王。

蒙古族祭祀祖先的"烧饭祭"也以马乳和马为祭品。烧饭祭即以焚烧酒食和生活用品的方式祭祀祖先和亡灵。元代蒙古皇宫祭祀祖先、帝王神灵，均行此礼。《元史》卷七十七《祭祀》六"国俗旧礼"：

每岁，九月内及十二月十六日以后，于烧饭院中，用马一、羊三、马湩、酒醴、红织金币及里绢各三匹，命蒙古达官一员，偕蒙古巫觋，掘地为坎以燎肉，仍以酒醴、马湩杂烧之。巫觋以国语呼累朝御名而祭焉。

契丹、女真等族中也有类似的习俗。

蒙古人还用马匹作为祭品祭祀成吉思汗。成吉思汗以生前的功绩赢得了蒙古人的崇敬，死后则被蒙古人尊为顶礼膜拜的神圣。蒙古人用他们特有的方式祭祀他的神灵，他们为成吉思汗制作了偶像，放在一辆车子里。"他们在那里供奉许多祭品，他们甚至还要把那些至死无人敢骑的马匹供于偶像前面，同时还用其他牲畜祭祀。"这实际上就是在以马作为牺牲，不过这里的马不是被杀掉，而是以活马作为"牺牲"。献给成吉思汗的马牺牲具有某种神圣性，所以这些马没有人敢骑，直至它们死去。类似的情况在满族、鄂温克族等信仰萨满教的民族中也存在。满族祭祀习俗中有专供祭祀用的马，称"他合马"。此马不事农务，不许骑乘，尤其不许女人骑乘，不打鬃，不剪尾，任其自由行动。鄂温克族也有将最好的马献给神的习惯，献给神的马称"温古"马，此马不能随便卖掉

马奶

或杀死，在其年老或患病必须处理时，要请萨满祈祷，才能另换一匹马献给神，然后再将原来那匹马处理掉。

蒙古人在祭祀其他神灵偶像时也用马乳作为祭品。柏朗嘉宾在他的游记中记载：

他们认为，这些偶像是畜群的保护者，同时也是奶汁和畜群繁殖的赐予者。……他们用从畜群和母马身上初次挤下来的奶供奉这些偶像。当他们开始用膳或饮用什么东西时，也要首先向偶像供奉饭肴和饮料。

蒙古萨满在举行巫术仪式时也用马乳。意大利人马可波罗在其游记中说：

每年的阴历八月二十八日，……星占学家就奏请大汗，将这些马乳临风飞洒，祀奉他们敬奉的神祇和偶像。

蒙古族因为长期以来就存在以马乳致祭的习俗，久而久之，还形成了特定的民间节日——马奶节。马奶节在今内蒙古锡林郭勒草原还继续流行。每年夏历八月末的一天，生活在这里的蒙古人都要到指定的地点聚会，人们身着盛装，杀牛宰羊，赛马竞技，在马头琴的伴奏下纵情歌唱，频频举起一杯杯马奶酒，互相祝愿，同时也表示对先祖的追念。

新疆"鹿石"上的马形图案

"鹿石"，类似于墓碑，因其多刻有鹿等动物图形，故名。我国的新疆以及蒙古、西伯利亚、欧洲等地都曾发现有精美的鹿石。鹿石上一般都刻画有马的图形。这些马形象就是充当献给神灵的牺牲的角色。

新疆青河县草原发现一刀形碑状鹿石。鹿石上刻有两条平行线，两线中间刻有一圆形。

鹿石　新疆伊犁州博物馆藏

草原上的鹿石

鹿石的一种

碑石下部刻有一昂首、竖耳、站立着的马。这里的马，就是奉献给太阳的牺牲。圆形太阳下面的一线代表天空，太阳上面的一条线是原始人已经蒙眬意识到的天外天。

新疆富蕴县吐尔洪乡的恰勒格尔古墓群旁也立有凿刻精美的碑状鹿石，其中一块残存的鹿石由鹿形、类山形、弓箭形、马形和夹在两条平行线中的三角形五种图案组成。估计其断裂遗失的上部也有圆形的太阳形象。三角形图案代表女性生殖器，已经图案化。此鹿石的马形有二，一为完整的马形，一为头部不全的马形。二马都昂首竖腿，朝向太阳。这块鹿石显然是宗教礼仪的产物。

蒙古、西伯利亚、欧洲等地也发现有类似的鹿石。如易北河有一鹿石，呈石碑状，顶端有一圆形太阳，下刻有倾斜的腰带形斜线、月牙形树叶，三个山峰似的山脉，右下为一匹静态的图案化的马。其风格与新疆发现的鹿石属于一类。

鹿石上的马和太阳的形象，是古人太阳崇拜仪式的一种表现。古人崇拜太阳，往往以马祭日。鹿石上的马，一般认为代表的是献给太阳的牺牲。在初民的观念中，大概认为只有既雄壮又善于奔跑的骏马才配得上敬祭太阳。关于以马为牺牲的意义，古希腊历史学家希罗多德《历史》中说得很明白："（玛萨盖塔依人）在诸神中间只崇拜太阳，他们献给太阳的牺牲是马。他们把马作牺牲来奉献的理由是，只有人间最快的马，才能配得上诸神最快的太阳。"这与"甲马"、"灶马"信仰意义是一致的。鹿石上的马形图案不能不使人想起飘扬在藏族地区的"风马旗"。

青藏高原上飘扬的风马旗

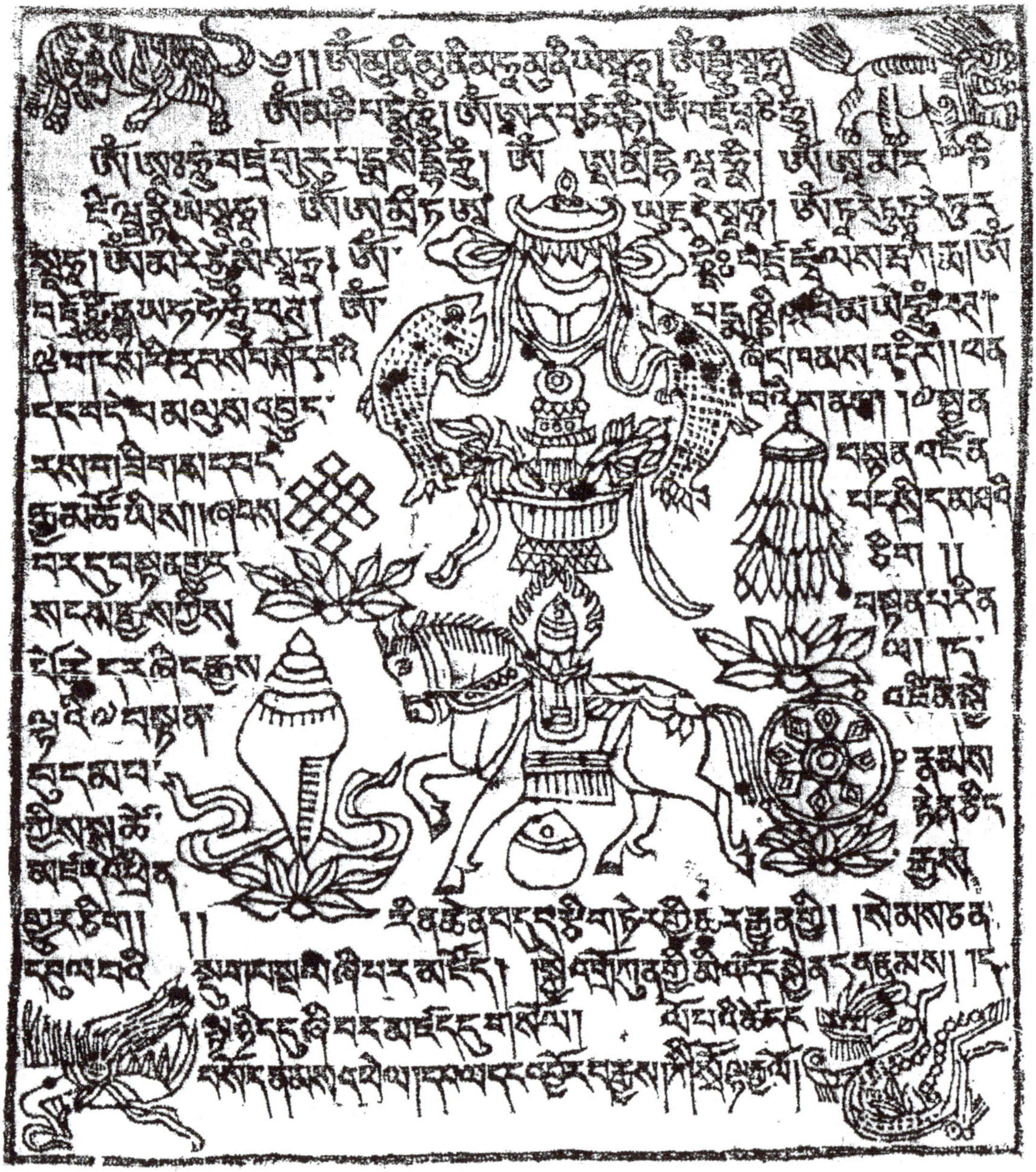

西藏风马旗

藏族风马旗

在我国的西藏、青海、甘肃、云南等地的藏族聚居区，到处都可以看到一面面印有马形图案的各色旗帜，这样的旗帜藏语称之为"隆达"。"隆"为藏语"风"意，"达"即藏语"马"意。"隆达"，就是"风马旗"。风马旗还有许多别称，如"祭马"、"禄马"、"经幡"等，但译作"风马旗"最符合藏文原意。

风马旗的形状有方形的，有角形的，还有的是条形的。最常见的构图为：画面中心为一匹骁健的宝马，马背上驮着燃着火焰的宝器，旗的四角刻着四尊保护神——金翅鸟、龙、虎和狮子。旗上还印有各种经咒文字，散布在上述各种动物形象之间，图与文互相辉映，构成一幅完整的画面。这是风马旗的主体形象，在不同的地区，还有不同程度的变异。

　　风马旗一般以木版雕印，先把图案雕刻在木版上，再将图案印制在白、黄、红、绿、蓝五种颜色的布面上，也有用石版和金属版印制的。风马旗的印制过程很讲究，工匠在工作前应焚香净手颂经，印制所用材料也要洁净，并且要尽可能选择朝向东南的房屋作为印制风马旗的工作间。拉萨周围的寺院，后藏地区的扎什伦布寺及其附近的纳唐寺、夏鲁寺等，都有印制风马旗的作坊。

　　风马旗在藏区几乎无时无地不在。喜庆之日（节日、生日、新帐篷落成日等），要在门前张挂五色风马旗；祭祀山水之神，要在山间河畔遍插风马旗；就连那些虔诚的朝圣者也有许多肩扛风马旗跋涉在艰难的旅途中。有些地区还有放飞纸风马旗的习俗。只要到了藏区，到处都可看到那随风飘扬的五色风马旗。邻近藏区的尼泊尔、不丹等国家也存在着张挂风马旗的习俗。

　　藏区四处飘扬的五色风马旗具有某种信仰功能。它大概就像汉族地区的纸马、新疆鹿石上的马形图案一样，充当着牺牲的角色。同时，它又是一种特殊的牺牲，特殊之处就在于它也是神所凭依之。风马旗被认为具有神圣的功力，它被视为沟通神的一种媒介物。旗帜，下通于地，上通于天，视为连接天地的桥梁，在某种程度上具有信仰中的天梯意义。许多风马旗插在高山或大树上，就是在强调这一点。这种信仰功能又因为旗上的宝马而得以强化。风马旗上的马不是普通的马，而是神马。神马能一跃千里，飞升九天，从而把人们对神灵的敬畏之心和乞求之愿迅速带到神灵之处，使神灵能降吉祥给人间。许多藏族人民将自己的手镯等心爱的物品系在风马旗上，就是希望能够通过风马旗上的神马把这些财物献给天上的神灵，以

换得神灵的保佑。还有的信徒将自己的帽子、须发等系在风马旗上，他们大概是想通过这种方式，借助神力升腾发达。这里的马，既是献给神灵的牺牲，同时也起到了一种连接上下两界、沟通神人之间的桥梁作用。

　　类似西藏的风马旗，在蒙古地区则有"天马图"或"禄马图"崇拜。这可能是受藏族文化影响的结果。但也有的学者认为，天马图崇拜是对马本身的一种崇拜，是蒙古人敬马心理的最高表现形式。

风马旗木雕版

禄马图

跑竹马·走马灯

宋长宏

在我国民间游戏中，也可见到以马为游艺的影子，如骑竹马、走马灯等等。

跑 竹 马

跑竹马　剪纸　陕西

中国有句成语，叫"青梅竹马"，意思是从小在一起玩的好朋友。这里的竹马就是骑竹马的意思。骑竹马是一种儿童游戏。即用一根短竹竿或木棍作为马的象征，儿童（多为男童）骑在胯下，一只手握住竹竿或木棍的前端，并使其后端着地，另一只手作扬鞭之状，模仿骑马的样子向前奔跑。

竹马之戏至少在汉代就已经流行。《后汉书·郭伋传》就有儿童骑竹马的记载："有童儿数百，各骑竹马，于道次迎拜。"其后的文献亦多有记载。《三国志·魏书·陶谦传》注引《吴书》说：陶谦14岁时，还曾乘竹马而戏，邑中小儿紧随其后。《晋书》中载：殷浩与桓温小时常在一起玩竹马之戏。长大以后，二人又共事一主，但殷浩地位比桓温略高一些，桓温一向嫉妒之。后殷浩北伐失利，桓温乘机进谗言。桓温还对别人说："小时候，我与殷浩一起玩竹马，我扔掉的，他就捡起来，所以他始终当在我下，"类似的记载也见于《世说新语·品藻篇》："殷侯既废，桓公语诸人曰：'少时与渊源共骑竹马，我弃去，已辄取之，故当出我下。'"唐人白居易《赠楚州郭使君》诗云："笑看儿童骑竹马，醉携宾客上仙舟。"可见古时竹马之戏之盛。传至今日，在我国一些农村地区的儿童还喜欢玩这样的游戏。民间有谚："月光光，秀才郎，骑竹马，下南塘。"

竹马之戏还被引入民间歌舞中。我国许多地区都流行《跑竹马》或《竹马灯》这种民间歌舞。表演时，舞者腰上系着马形的道具，分马头与马尾两截，舞者像是骑在马上，表演马儿徐行、奔驰、跳跃等动作，边歌边舞。

跑竹马　剪纸　陕西

江苏邳州《跑竹马》 邳州《跑竹马》始于明代，距今已有500多年的历史。邳州《跑竹马》的道具以竹篾扎壳，用五彩纸、彩绸扎糊成马的形状，故亦名为"竹马"。驾马者将竹马系于腰间，后跟随挚旗马童一人（配对），五对为一组，也可根据演出气氛的需要增加为多组。领骑者跨麒麟，着铠甲，穿豹衣、彩裤，戴髯口，马童身着兵卒服饰，背插刀剑，擎彩色龙凤旗随马而舞。舞者按照设计的跑阵路线，伴随着音乐锣鼓，策马跑阵。邳州《跑竹马》舞蹈的特点重在"跑"，以"跑"贯穿始终，即跑中见阵、阵中见情，跑出姿态、跑出阵势、跑出气势是其三大要领。其基本舞姿有喝马起跑、催马小跑、放马轻跑、纵马快跑、鞭马疾跑、勒马倒跑、吁马停跑等。阵势有"一字长蛇"、"二龙取水"、"四门兜底"、"五虎寻羊"、"八卦阵"、"十字梅花"、"乌龙摆尾"、"剪马股"、"双套环"、"单套环"、"双穿花"、"狗尾圈"等。2008年，邳州《跑竹马》入选国家级非物质文化遗产保护项目。

宋代民间舞队中就已经有了《竹马儿》表演。周密《武林旧事·舞队》："傀儡、杵歌、竹马之类，多至十余队。"清代在举行"花会"的时候，有各种各样的表演队伍，如杂技、武术、秧歌舞、狮子舞、跑旱船等，还有小车、竹马等民间舞蹈。清代名画《北京走会图》，生动清晰地描绘了北京花会时的各种精彩表演。在《旱船走会》的画面上，有一女子，腰部系马头马尾，左手执马鞭，歪头向着右边一执鞭丑角，站在"旱船"后面，正在等候上场表演《跑竹马》。清人潘荣陛《帝京岁时纪胜》，记录了清代北京元宵节的民间娱乐活动，其中就有关于"骑竹马"的记载："元宵杂戏，剪采为灯，博戏则骑竹马、扑蝴蝶、跳白索、藏朦儿。"又载："上元，装演大头和尚，扮稻秧歌，九曲黄龙灯，打十不闲，盘杠子，跑竹马，击太平鼓。"

至现在，我国一些地区还表演此舞。民间节庆之时，有"马灯队"、"马灯舞"、"马社火"等表演。著名的民间舞蹈《跑驴》也与《跑竹马》有着密切的关系，其舞蹈形式与跑竹马极为相似，是跑竹马的一种变异形式。

走 马 灯

与跑竹马相似，走马灯也是一种节日游艺活动。走马灯属于灯影戏的一种。一般是用秫秸扎成，如旧式戏台状，出将入相，其上彩印戏剧人物。其原理是以烛火推动纸轮，轮上附有剪纸刀马人物，故曰"走马灯"。还有一种走马灯，外边三面均用"粉连纸"糊严，所剪的黑纸形象，经灯光映于白纸

走马灯原理

上，外观完全是黑影形象的转动，有点像今日的电影。

走马灯之戏，宋代已经盛行，其后一直延续。宋代节日灯会上有各种各样的彩灯，彩灯的装饰多以镂刻金箔的剪纸图案为主，还有用羊皮剪刻的羊皮灯，以及用色纸剪刻扎制的走马灯等等。宋范成大《上元纪吴中节物俳谐体三十二韵》："映光鱼隐见，转影骑纵横。"自注："马骑灯。"宋代人创造的走马灯，可以说是以燃气轮转动的原理制造而成的最早的机械式花灯。这一原理被人们掌握后广泛用于游艺之事。到了元代，走马灯戏中还加入了一定的故事情节。谢宗可《走马灯》诗：

飙轮拥骑驾炎精，飞绕人间不夜城。
风鬣追星来有影，霜蹄逐电去无声。
秦军夜溃咸阳城，吴炬宵驰赤壁兵。
更忆雕鞍年少日，章台路碎月华明。

有光有影，有声有色，又有文学故事，但却没有发展成为更高的综合艺术。一直到清代，还是这种灯戏，在节庆之时，供人们赏乐。清富察敦崇《燕京岁时记·走马灯》："走马灯者，剪纸为轮，以烛嘘之，则车驰马骤，团团不休。烛灭则顿止矣。"灯市观灯直至清末民初还在盛行，北京的灯市口即为观灯之所。

竹马舞、马灯舞都是在民间广为流传的游艺活动。有些民族的马舞还走向了更高的形式，成为舞蹈艺术的一个重要组成部分。

新疆地区自古就是良马的集中产地，马早就成为当地各民族舞蹈的表现对象。在新疆地区发现的岩画上，就有围马而舞的图像。1960年，新疆吐鲁番阿斯塔那336号墓出土有彩绘马舞俑。马舞由三人表演，两人装扮成一匹马，身披马的装饰形套，一人擎着马头，一人充作马尾，二人的双腿分别充作马的前后肢。另有

走马灯

一人头戴当地民族的高顶尖帽，骑在马背上充当骑手，右手执缰，左手挥鞭，面带笑容，昂首挺胸，既勇猛刚毅，又活泼诙谐。这些马舞俑的发现，是新疆地区马舞发达的一个重要实证。

蒙古族的马舞中外闻名。人们只要一提起蒙古舞就会想起奔腾的骏马形象。蒙古地区流行有《骏马舞》、《牧马舞》、《祭马舞》、《走马舞》等。在蒙古族舞蹈中，"马步"是其中必不可少的基本动作。马步就是模仿马的各种姿态和动作，包括奔驰马步、轻骑马步、技巧马步等。蒙古族舞蹈中的手臂、腿部动作也多模仿马或与马有关的动作。

舞蹈离不开音乐。古代宫廷马舞都有《舞马歌》等音乐伴奏。我国少数民族的马舞，也都有相应的音乐伴奏。这些为马舞伴奏的音乐，同马舞一样，也塑造了成功的艺术形象。非但如此，有些音乐，虽然不是直接表现马的，但其节奏、旋律都使人感觉到马的存在。游牧民族的音乐似乎整体上都受到了马文化的影响。

民间存在的诸多与马有关的游艺习俗，如田猎、骑射、赛马、马球、马术、马戏、马舞等，再现了人们驯养马匹、利用马匹的历史，同时也表现出了人们对马的热爱之情。

马年话马

马年话马

刘孝存

马　石雕　北京白云观

各种情形表明，属马的人年轻时离家者居多，即使留在家中，他们的独立精神也总是促使他们从年轻时期就开始自己的事业。他们精力充沛，但急躁鲁莽。他们最大优点是自信心强，待人和气，有代理能力和理财能力。不墨守成规的属马人穿着入时，好显示，遇有活动或集会时，一般挑选浅颜色且款式奇特、华丽的穿戴。

属马的人，遇事急躁，性情固执，脾气火暴，但事过之后很快就忘记了。最根本的弱点，还是不能清醒地认识到自己的所在，也不能在短时间内改变这种弱点。这会使属马人有时产生对人不恭，甚至近乎粗暴的态度。属马人总

马在十二属相中排列第七位。

所辖时间：上午11时至下午1时（11点至13点）

属马人的出生年及年龄（到2014年）：

农历：戊午；阳历1918年；96岁

农历：庚午；阳历1930年；84岁

农历：壬午；阳历1942年；72岁

农历：甲午；阳历1954年；60岁

农历：丙午；阳历1966年；48岁

农历：戊午；阳历1978年；36岁

农历：庚午；阳历1990年；24岁

农历：壬午；阳历2002年；12岁

有人说：生于马年的人性格开朗，思维敏捷，装扮入时，善于辞令，洞察力强；多变的性情会导致脾气的急躁，产生暴如雷、怒火中烧的情状。属马人一般会轻易陷入情网，也会轻松地脱离情网。

亚欧博览会吉祥物"天马新新"

生肖马　剪纸　韩月琴剪

是要求别人同他一样高速地工作,得不到满意的结果时,便牢骚满腹,面露不快。属马人总是踌躇满志,但实施效果差,特别是每当有重大事情需要解决时,常幼稚地满足于微小的成绩,并陶醉于其中,而且经常健忘,做事漫不经心,有时话不对题。

出生于马年的人我行我素,爱以自我为中心,喜欢自己的亲朋在周围为他服务。这样的人总能靠着他们出众的言辞,将人们的思路引到他的想法上来。在谈起自己的想法时,会手舞足蹈,不把肚子里的全部想法倾出来是不会罢休的。

属马的人性格中前后矛盾的现象产生于多变的情绪。他情感内向,细微的变化常不被人注意,也就是说,他靠着自己对事物的直觉去行事。若要他解释自己的直觉及对事物进行的推理分析是不可能的。但每当一项活动处于发展阶段,他那令人赞叹的潜在能力便会推进这项活动深入发展。他经常一人同时从事多种活动,而且善于较好地控制局面。他的决定一经做出,便毫不犹豫地投身于其中。人们看到这种人要么是东奔西跑地忙于事务,要么疲惫不堪地躺倒。

属马人很难适应别人制定的时间表,而且遵守规程时缺乏耐心,这类人应做那种能胜任的有刺激的工作。他会想出许多有促进性的主意,找到解决问题的高招。属马人善于解决棘手的事情,所以,如果你身边有一位属马的人做帮手,就可以将那些纷乱如麻的事情交给他处理。当他获得处理这些事的自主权时,他会取得很大成绩。但切记时时加以督促,不要使他松懈。

你同属马人谈话时,一定要简单明了,否则你会失去他对你的注意力。无论可行与否,都要直截了当地告诉他,他对你的态度反而会大加赞赏,欣赏你的直率、诚恳,以及对时间的珍惜。过分压制一个属马人的情感是不应当的,一旦他的情感被压抑,就会勃然大怒,离席而去。马年出生的人不乐意同那些他不喜欢的人在一起,缠绵也不会吸引他。他界限分明,有自由的主见,很难屈从于他人的意志。他交际广,朋友多,并且每一天都交上新朋友,然而他从不过分依赖这些朋友。

他在烦躁的生活中仍然那么活跃,会给你的生活事业带来一片冬日阳光。当你的视线被吸引过去时,他一下就消失不见了;而当你正要放弃寻觅的念头,他却重新轻盈地飘到你面前,仿佛从未离去一样。

马年出生的人做事图快,也就相对缺乏持久性,更不能忍受长期的困苦,却能见风使舵、灵活善变。

出生马年的女士,富有生气,举止轻飘,可能是个网坛冠军,或汽车司机,也许是个唠唠叨叨说个不停的女人。她会在同一时间内修指甲、写信、看电视、照顾孩子,并且给朋友打电话。她认为休息是多余的。因而她的娱乐活动对我们其他人来说,简直是花费精力的沉重劳动。属马的女士喜将所有的

马年话马

事料理得井井有条。她精力旺盛，如果有可能，她会同周围的人比，谁也没有能力去像她做事那么多那么快。

属马的女士有的属于温柔型，有的也许是桀骜不驯、难以驾驭的女子，但她们总能赢得人们的赞赏。家庭对她来说，只是社会活动中很小的一部分，她决不肯长期固守一地。

她热爱脆嫩的植物，喜欢户外景色与大自然的声音。她消遣的方式与众不同，大海翻卷的涛声、沙沙作响的大树、雄伟无际的山脉、森林美妙的前景，这一切都能唤起她遐想的激情。她一旦投身于大自然，无需他人启发，也不必别人帮助，她完全被内心的兴奋所支配。

原产于土库曼斯坦的"汗血宝马"

不过，我们知道属相与人的性格不是直接勾联的，因此结合得越密切越离题万里。

让我们来看"马文化"：

马，在动物中显得那么高贵、英俊，大约只有天鹅才能与之媲美。

法国作家布封对马的肖像有最为精辟形象的描写："这种动物的天性绝不凶猛，它们只是豪迈而生野。虽然力量在大多数动物之上，它们却从来不攻击其他动物；如果它们遭到其他动物的攻击时，并不屑于和它们搏斗，只是赶开它们或者踏死它们。它们也是成群来往的，不过它们之所以团结成群，纯粹是为着群居之乐，因为它们一无所惧，原不需要团结御侮，但是它们彼此依恋之情却太深了。"

布封又写道："在所有的动物中间，马是身材高大而身体各部分又都配合得最匀称、最优美的。因为，如果我们拿它和比它高一级或低一级的动物相比，就发现驴子长得太丑，狮子头太大，牛腿太细太短，与它的粗大身躯不相称，骆驼是畸形的，而最大的动物，如犀牛，如象，都可以说只是些未定形的肉团。颚骨前伸本是兽类头颅不同于人类头颅的主要原因，也是所有动物的最卑贱的标志；然而，马的颚骨虽然也大大地向前伸着，它却没有如驴的那副蠢像，如牛的那副呆相。相反地，由于它的头部比例整齐，它却有一种轻捷的神情，而这种神情又恰好被颈部的美烘托着。马一抬头，就仿佛想要超出它那四足兽的地位。在这样的高贵姿态中，它和人面对面地相觑着。它的眼睛闪闪有光，并且形状很美；它的耳朵也长得好，并且不大不小，不像牛耳太短，驴耳太长；它的鬃毛正好和它的头相称，装饰着它的颈部，给予它一种强劲而豪迈的模样。"

所以，布封认为："人类所曾做到的最高贵的'征服'，就征服了这豪迈而剽悍的动物——马。"

马属哺乳动物。最早的马祖先化石是在美国密西西比河流域始新世地层中发现的，五趾（其中一趾退化），被称为"始祖马"。其后裔体形渐大，形态也有所变化：它的颈上缘及

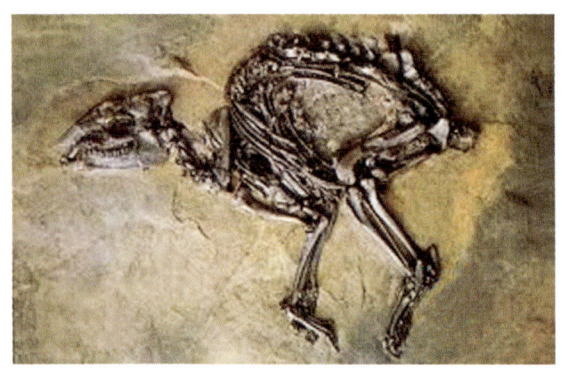

始祖马化石

马年话马

蒙古马

伊犁马

尾有长毛。四肢强健，内侧有附蝉，仅有第三趾，趾端为蹄，其余各趾退化。毛色有栗、青、黑、奶、枣红、花等。马的感觉器官发达，眼大、位高、颈长，因此视野比人宽阔。它低头吃草时，也能觉察到可能发生的威胁。马的方向感极为发达，能够自己找到返回马厩的路；由于视觉记忆强，马遇到从前它所体验过恐惧或其他特殊感觉的地方或事物，会有所反应；由于听觉记忆强，军马和猎马可以按照军号的声音采取行动，可依据人的语言和声调作出人所需要的反应。

再来谈谈马有家马和野马之分。野马在世界上已基本灭绝，目前仅存的野马为"蒙古野马"。据传说我国西部地区曾有出现，但一直未捕到。蒙古野马，可能是我国北方马的祖先。

据有关学者研究，人类驯养野马大约是从原始社会的新石器时代开始的。我国是驯马最早的国家之一。

马的品种分类很多。依据马的产地生态环境及马的体貌特征，可分为草原种、森林种、沙漠种、高原种。依据马的经济利用和专门化程度，可分为骑乘种、重挽种、兼用种。

我国主要的马种有八种：

1. 蒙古马。原产于蒙古高原。蒙古马约占我国马匹总数的三分之一以上，大多体格较小，但体质强，适应能力强。

2. 河曲马。产于甘肃、青海、四川三省交界地区黄河上拐弯处，并由此得名。此处自古以出产良马而著称。

3. 西南山地马。分布于四川、云南、贵州、广西、西藏等省。其特点为：体格矮小、体型紧凑。西南马又分为昌马、贵州马和丽江马。

4. 哈萨克马。主要产地新疆维吾尔自治区北部的伊犁哈萨克自治州。哈萨克马为古老的草原马种。

5. 伊犁马。以伊犁地区的昭苏、新源、尼勒克、巩留、特克斯等县的数量为最多，为我国优良的培育品种。该类马是由奥尔洛夫马、英顿马、顿河马与哈萨克马进行杂交，又经过其他杂交改良而形成的。

6. 三河马。其产地以额尔古纳旗的三河地区为中心，并由此得名。为我国培育品种之一。

7. 黑龙江马。产于黑龙江省松嫩平原，为培育而成的挽乘兼用马。

8. 铁岭挽马。产于辽宁省辽河中游的铁岭地区，为培育而成的挽马品种。

此外，我国还有从外国引进来的马种，计有：原产于阿拉伯地区的阿拉伯马、原产于英伦三岛的英纯血马、原产于俄罗斯顿河及伏尔加河中下游的顿河马、原产于俄罗斯的培育马种奥尔洛夫速步马、原产于比利时的阿尔登马、原产于俄罗斯中部的杂交改良品种苏维埃重挽马。

应该提到的是：顿河马起源于蒙古马和诺盖马，并混有波斯马、土耳其马和高加索马种的血液，后又引入阿拉伯马、英纯血马等马种血液，成为优秀的军用骑乘马。英纯血马为赛马型的代表，它的速力可称冠世界。

此处，还应说到骡。骡的数量约占我国马匹总数量的四分之一。骡是马和驴的种间杂交种，大多外形介于马和驴之间。

马和人，有着极其特殊的、密切的关系。可以说，马是人的伙伴和朋友。它不仅用于农耕、运输、游猎、放牧，还参与人的探险、娱乐、运动和战争。马肉可以食用，马骨可以制胶，皮可以制革，鬃可以用于制作褥垫及小提琴琴弓上的弓毛，马奶用作饮料，马粪可以作燃料和肥料。

马最显赫的业绩是参与了人类的战争。

描述隋末唐初农民起义及隋亡唐兴的通俗小说《说唐》中，有一位隋将叫尚师徒。他的本事并不出奇，出奇的是他的坐骑——一匹名叫"呼雷豹"的马。这呼雷豹的脖子上有一撮痒毛，只要一碰，呼雷豹便会两耳竖起，"呼"

双鞭呼延灼

的一声吼，口中吐出黑烟。无论什么龙驹宝马，一听这吼声，一见这黑烟，都会"一跤跌倒，四脚朝天，尿屎直流"。坐骑一倒，马上的战将自然非死即伤。依靠呼雷豹，这尚师徒打败了无数猛士勇将、英雄豪杰。

《水浒传》中，双鞭呼延灼曾为朝廷将官。宋徽宗赐他一匹千里马，名为"雪乌骓"，然后钦命呼延灼率领三千连环马军，前去剿捕梁山泊。这连环马军，马戴马甲，人披铁铠。马戴甲，只露得四蹄悬地；人披铠，只露着一对眼睛。这些军马，不畏箭射刀砍。后来，呼延灼又将三千马军"做一排摆着，每三十匹一连，却把铁环连锁"。在两军对阵时，"每一队三十匹马，一齐跑发，不容你不向前走"。"那连环马军，漫山遍野，横冲直撞将来"，实在是难以抵挡。

以上是战马对阵，可见马在战场上的重要性。人们深知马有优劣，与人生死攸关，所以古来战将嗜良马如命。《三国演义》中，西凉刺史董卓引兵进京，依仗军兵众多，要废帝立陈留王，但受到荆州刺史丁原的反对。董卓想

隋唐第十一条好汉尚师徒

杀丁原，因忌讳丁原有义子吕布，未敢动手。后董卓与丁原交兵，西凉兵将败在吕布手下。为了收买吕布，董卓送去了日行千里的"赤兔马"。且看书中对这赤兔马的描绘："那马浑身上下，火炭般赤，无半根杂毛；从头至尾，长一丈；从蹄至项，高八尺；嘶喊咆哮，有腾空入海之状。"其中有诗为赞："奔腾千里荡尘埃，渡水登山紫雾开。掣断丝缰摇玉辔，火龙飞下九天来。"

吕布见了这龙驹宝马，果然大喜，便夜杀丁原，投奔了董卓。吕布当然是无义之徒，但从中可见良马的诱惑力。

《三国演义》中，还有一处集中写了一匹名马与人的关系。刘玄德脱离袁绍以后，带领

胡服骑射　雕塑　河北邯郸

旧部投奔了荆州的刘表。刘玄德在替刘表平定江夏张武、陈孙的造反以后，得到一匹千里马。回到荆州，刘玄德将这匹千里马送给了刘表，刘表非常高兴。但刘表的部下蒯越却说："此马眼下有泪槽，额边生白点，名为'的卢'，骑则妨主。"刘表听了又将此马送回给刘玄德。刘玄德不明内里，收下马，又自当坐骑，结果被荆州幕宾伊籍点破。然而刘玄德却不相信马能妨人。此后，刘表部下蔡瑁想谋害刘玄德，刘玄德骑'的卢'逃走。逃到城外，有宽数丈的檀溪拦在前边。刘玄德见追兵已到，只好纵马下溪。可是走了没有几步，马足忽然前陷，水浸衣袍。刘玄德在危急之中用鞭子抽着马，大声喊叫："的卢，的卢！你今天可把我妨啦！"不料那马忽地从水中跃起，一跃三丈，飞上对岸，致使刘玄德脱险。

小说中的描绘，很可能有夸张和虚构，但历史上，确有著名的"胡服骑射"改革。春秋时代，各国用以为战的主力军为战车。所谓战车，即将士持戈扶剑，站在几匹马拉着的车上冲锋陷阵。战车自有战车的威力，但战车也有它的局限：一是不够灵活，二是不利于在山地、泥泞中及丛林中作战。兵家交锋，随机应变。在不利的地形之下，战车便不能发挥长处了。战国时代，赵国的第六个君主名叫赵雍，即历史上有名的赵武灵王。赵武灵王为了立足于群

赤兔马　画工字画　仿元　北京

马年话马

福

雄之中，奋发图强，立志改革。他仿效胡人，首先在本国组建了骑兵，并下令改穿从胡人那里学来的、利于骑射的短衣裤。有了灵活机动的骑兵，可用弓矢远射御敌，可以长枪冲阵破营，从而大大地提高了军队的战斗力，使赵国成为当时的军事强国。这又是马在人类的战事上发挥了威力。

骑兵，这是古代的"快速装甲"部队，也是歼敌制胜的法宝。

秦汉时代，北方的游牧民族匈奴，便是依仗着好骑善射，不断给秦汉王朝以巨大的威胁的。汉武帝继位之初，因国力衰弱，对匈奴实行"和亲"政策；后来，国力渐强，便决定以武力对抗匈奴。元光二年（公元前133年）六月，汉朝把三十万大军埋伏在马邑一带的山谷中，然后派人以财货相诱，但匈奴军没有上当。待汉军追击时，十万骑兵已经跑得无影无踪。汉初，汉军与匈奴作战不利，主要是缺少骑兵。为了弥补这一不足，汉武帝组建了大批马队，仅骑兵就达十万有余。汉军的著名骑兵将领为卫青、霍去病等，其中李广被称为"飞将军"。在与匈奴的大决战中，汉武帝命卫青、霍去病各率领五万骑兵出击，伴之而行的还有四万匹马负载辎重，并有几十万步兵殿后。如果没有这么多骑兵和马匹支援，汉军是不能对匈奴进行大规模征战，并取得胜利的。

匈奴对汉作战失利以后，一部分人西迁，一直打到欧洲，引起欧洲的民族大迁移。史学家阿米安对匈奴人的作战情形有如下描写："作战时，他们结成楔形的阵形。因为服装轻便，他们行动迅速，出没无常。"匈奴之所以行动迅速和出没无常，不仅是因为服装轻便，而且他们是骑马作战。

一代天骄成吉思汗，更是"以弓马之利取天下"。他麾下的蒙古军队，也是以骑兵为主体。因为骑兵以快速著称，所以他们最拿手的就是运用退兵回袭和分兵包围的战术。在与敌人交战时，他们列成战阵。正面迎击敌人的是由俘虏和其他族人组成的部队，更为精锐的部队则远远地绕到敌人的左右方去。因此，战斗是从四面八方开始的。战斗当中，他们往往给敌人放开一条路，让敌人逃走，然后他们便追击逃跑的敌人。1223年，蒙古军队进入俄罗斯南部的顿河流域的草原地区，不久与俄罗斯联军相遇。开战后蒙古军便往后退，诱使俄军深入草原。最后蒙古骑兵与俄罗斯联军在卡尔卡河岸上展开决战。蒙古骑兵以围猎式的散兵线战术，在广阔的大草原上发挥了巨大的威力。他们闪电般的快速攻击，使俄军一败涂地。

蒙古军队的兵将，每人都有数匹马，轮流骑坐。这样，他们就不必担心马会十分疲乏。《黑鞑事略》中说："其阵，利野战，不见利不进。动静之间，知敌强弱。百骑环绕，可裹万众；千骑分张，可盈百里……故其驰突也，或远或近，或多或少，或聚或散，或出或没，来如天坠，去如电逝，谓之鸦兵撒星阵。"蒙古军之所以能灵活机动、神出鬼没，完全是仰仗着马。如果没有马，蒙古军队是不可能横扫欧亚大陆的。

所以布封在其动物肖像散文《马》篇中写道："马和人同受着战争的辛苦，同享着战斗的光荣；它和它的主人一样，具有无畏的精神，它眼看着危急当前而慷慨以赴；它听惯了兵器搏击的声音，它喜爱它，追求它，受着同样热忱的鼓舞。"

马在战争中的赫赫功业的名声，远远超越了它们负载、拉套及用于农耕的贡献。所以在语言、词汇中，带"马"字的，有许多充满着征战气息。如：

汗马功劳。汗马：骑马作战时，马都跑出汗来了。此语比喻征战的劳苦。

马革裹尸。革：皮革。战士在疆场上战死

以后，用马皮将尸体包裹起来。此语形容英勇作战，死在疆场上。

马首是瞻。瞻：看。看马头朝向哪边，就朝哪边行动。这匹马，自然是将领的坐骑。此语比喻服从某一个人的指挥，或乐于追随某一个人。

招兵买马。意为组织或扩充力量。这里马与兵相提并论，可见马的重要。

戎马倥偬。戎马：军马，借指军事；倥偬：繁忙。此语形军务繁忙。

金戈铁马。金戈：古代一种金属制的兵器；铁马：配有铁甲的战马。此语指战争。

马到成功。战马一到就胜利了。可见骑兵在古代战场上的威力。此语形容迅速地取得胜利。

马不停蹄。比喻一刻也不停留地前进。也还是在说骑兵出击、作战。

人仰马翻。人、马都被打得仰翻在地。形容惨败的狼狈相，或喻乱得不可收拾，更是战争图景。

快马加鞭。给骑着的快马再加上几鞭子。形容飞快驰过，也喻快上加快。大概此语源出也是战争，或者打胜了追击，或者战败了逃跑。

兵荒马乱。形容战争时动荡不安的景象。

千军万马。形容兵马很多，也形容队伍雄壮或声势浩大。

兵强马壮。形容军队实力强，有战斗力。

人困马乏。人、马都困乏了。形容体力疲劳不堪。

厉兵秣马。厉：磨；兵：兵器；秣：喂。磨好兵器，喂饱马。形容准备战斗。

风樯阵马。樯：帆船上挂风帆的桅杆，此处指风帆。依旧是征战的景象。此语形容气势雄壮。

万马奔腾。形容声势浩大、进展迅速的雄壮景象。

此外，人们常用的带"马"字的词语有：

万马齐喑。喑：哑，比喻人们都沉默，不说话，不发表意见。

走马看花。原用来形容愉快而又得意的心情，现喻观察事物不深入细致。

马年话马

定军山　年画　清末　杨家埠

韩信九里山十面埋伏困项羽　年画　清末　上海

指鹿为马。指着鹿，说鹿是马。比喻公然歪曲事实，颠倒黑白。

老马识途。比喻富于经验的人在工作中熟悉情况，容易做好。

老骥伏枥。骥：好马；枥：马槽，也指马厩。比喻人虽老了，但仍有雄心壮志。

走马上任。指新官上任就职。

害群之马。比喻危害众人、集体的人。

心猿意马。形容心思不定，变化无常。

青梅竹马。青梅：青的梅子；竹马：以竹竿当马骑。比喻男女儿童在一起玩耍，天真无邪。

塞翁失马。比喻虽然受了损失，但却因此获益。有"塞翁失马，焉知非福"之语。

非驴非马。形容什么也不像的东西。

一言既出，驷马难追。驷马：古代用四匹马拉着的车。一句话既然说出来了，就是驾着最快的马车去追也不回来。又有"君子一言，快马一鞭"之语。

天马行空。天马：汉代西域大宛所产的好马。原喻才思奔放，任意驰骋，后也喻不受拘束。

白驹过隙。白驹：原指骏马，后喻日影；隙：空隙。比喻时间过得快，就像骏马在细小的缝隙前一闪而过一样。

悬崖勒马。比喻到了极危险的边缘，应该及时收脚，醒悟回头。

蛛丝马迹。沿着蛛网的细丝可以找到蜘蛛的所在，按照马蹄留下的痕迹可以寻到马的去处，比喻隐约可寻的线索和迹象。

好马不吃回头草。比喻做事拿定了主意，不反悔，不走回头路。

路遥知马力，日久见人心。路途遥远，才可知道马的体力耐力如何；日子长了，才能看见人的心地如何。

老将出马，一个顶俩。出马，即作战。比喻有经验的人做工作，一个人可以顶好几个人用。

望山跑死马。看着很近，其实很远。比喻有些事看起来很好办，或很快就要办好了，但实际上离办好、办完还差得很远。

人得闯，马得跑。人没有闯劲，干不成大事业；马不去奔跑，不能练出良好的体力和耐力。比喻做事要敢闯、敢干，才能做出成绩。

兵马未动，粮草先行。比喻做事要有充分准备。

射人先射马，擒贼先擒王。比喻解决问题要抓住要害。

带"马"字的歇后语有：

马背上钉掌——离题（蹄）太远了。

马尾儿做琴弦——不值一谈（弹）。

马尾儿穿豆腐——提不起来。

盲人骑瞎马——悬了。

城头上跑马——转不过弯儿来。

此外，汉语词汇中还有许多带"马"字的词语。如：

马帮：驮运货物的马队。

马弁：旧时军官的护兵。

马快：封建时代官府的差役。

马甲：背心。

马褂：原为满族人骑马时所穿的服装，后为旧时男子穿在长袍外面的对襟的短褂。

马虎：疏忽大意、不细心。

马脚：比喻破绽。

马粪纸：用稻草、麦秸等做成的纸，黄色，质地粗糙。

马竿：盲人探路用的竹竿。

马后炮：原为象棋术语。借来比喻不及时的举动，如同"事后诸葛亮"。

马灯：一种手提的能防风雨的煤油灯，骑马夜行时可挂在身上。

马店：主要供赶马帮的客人投宿的客店。

马口铁：镀锡铁。

马裤呢：表面有明显斜纹的毛织品，因最初多用来做马裤而得名。

马枪：骑兵用的一种枪。

马靴：骑马人穿的长筒靴子，也指一般的长筒靴子。

马戏：原指人骑在马上所做的各种表演，现指有经过训练的动物参加的杂技表演。

拍马屁：也作"拍马"，常与"溜须"连在一起，为"溜须拍马"。据说，骑马的人要骑马时，就先拍马的屁股，表示一下友好，然后再骑上去。后来，"拍马"和"拍马屁"被用来指谄媚、奉承、奉迎。这个词借用得好准

马年话马

长坂坡　年画　清末

确！凡是对别人曲意奉迎、一味奉承、献尽谄媚的，这个人准是另有打算、另有所谋、另有所求，说白了，就是这人要"骑"他所谄媚的人。有所求，才会有所"拍"。对拍马的人可要多加小心啊。

趟马：是戏曲名词。为传统戏曲表演的一套程式动作。演员手执马鞭，象征骑在马上。从上马开始，演员以连续性的舞蹈动作来表现人物骑马疾行的情景。有"单人趟马"、"双人趟马"、"多人趟马"等形式。

墙头马上：元代白朴所作的杂剧剧本，全名《裴少俊墙头马上》。剧中情节为：书生裴少俊骑马路过李家花园墙外，恰逢李家小姐李千金在墙头眺望春景。二人相互爱悦，千金毅然随少俊私归，躲在裴家的花园中共同生活了七年，生下一子一女。裴父得知此事后，强逼少俊写下休书，并让少俊离家赶考。少俊入考高中，得官归来。裴父已得知李千金是名门之女，便同儿子一同去登门赔情。千金怨少俊软弱，恨裴父狠心，拒绝回归，又将裴家父子二人大加奚落。后来，经儿女哀求，千金才与少俊和好。

马大哈：为曲艺作品中的人物，后成为做事马马虎虎、粗枝大叶的人的代名词。

在中国的神话传说中，阴间阎罗王部下的狱卒之一为"马面"马面，也叫"马头罗刹"。罗刹即恶鬼。马头罗刹手持枪矛，专门驱赶"鬼魂"下地狱。此外，《西游记》中还有为龙所化的"白龙马"，为唐僧西天取经时的坐骑。

我国古代传说中还有"蚕马"的故事。说是一个部族的首领离家远征，家中留下的只有一个女儿和一匹公马。女儿思念久别不归的父亲，便对马说："马啊，你要是能把我父亲接回来，我就嫁给你！"这完全是一种思亲的表达，不料马挣脱了缰绳，真的去寻找小女的父亲，也真的找见了她的父亲。小女的父亲认得自家马，以为家中出了什么事，便急忙赶回来。父女相会，自然非常高兴。父女俩也对马异常厚爱，拿出精美的饲料喂养它。但是这马却不肯进食，见了小女便蹦跳不止。父亲感到奇怪，便问女儿。女儿忽然想起了她的许愿，便对父亲讲了。父亲听后，便用箭把马射死了，然后将皮剥下来，晾在院子里。父亲走后，小女与

马头罗刹

蚕花茂盛　民俗版画　江苏苏州

图上画一蚕神娘娘（又称马头娘、马明王）戴冠子，手抚一盆蚕茧，坐在一匹斑马上。江浙一带养蚕人家，在蚕眠期不准生人入内，多以此贴在门上，以保蚕之安全。蚕神故事见《太平广记》卷四七九"蚕女"。

邻家女子在院子里嬉玩，马皮突然飞起，卷起小女就走。当人们在一棵大树杈间发现她时，她已和马皮合而为一。后来她化作了"蚕"，附着在树上。

原来马也有"情"，马也要求人们重言诺、讲信用！

传说中，马有"八骏"。这八骏，为西周穆王所有的良马，名为赤骥、盗骊、白义、逾轮、山子、渠黄、华骝、绿耳。也有说"八骏"的名字为绝地、翻羽、奔霄、越影、逾辉、超光、腾雾、挟翼。穆王曾坐着由这八匹神骏拉着的华贵的马车去见西王母，那一定是很气派的。

基于对马的印象和认识，人们对"马年"的印象为：这是充满活力、生气勃勃的一年。在这一年里，到处呈现出繁忙的景象，但有时也会起轩然大波。不过总的说来，人们会感到轻松、自在，思路开阔，有许多梦想都要去实现。

当我们说马的时候，我们也不要忘记"马头琴"。

马头琴是蒙古族特有的一种弦乐器，有两根弦，琴身呈梯形，引人注目的是琴柄顶端雕刻的马头。几十把马头琴一起合奏，会产生一种万马奔腾的气势，充满热情，充满活力，真的像千万匹战马，渴望着出击，渴望着拼搏，渴望着胜利。马头琴还可以独奏，那声音如泣如诉，会把我们带到那广袤的草原，也好像在告诉我们，那英雄的充满血腥的年月已经过去。……

此外，我国战国时代的公孙龙还有一论辩命题为"白马非马"。公孙龙认为："马"表示形体，"白"表示颜色；"白马"包括形体和颜色，与"马"的概念不同，所以"白马非马"。此论提出了一般与个别的区别，但又割断了一般与个别的联系，因此，"白马非马"成为形而上学的诡辩论。这一著名的诡辩论，第一次使"马"出现在逻辑学中。

在当代社会中，有一个流行的词语叫做"白马王子"。白马王子与"乘龙佳婿"有点近似，但似乎又不完全相同。白马王子，是女子心中理想的爱人或情人，不一定为夫婿。此词由何而来，现难以查考。在我国民间传说中，有"蚕马"的故事。据说中国首建的佛寺为洛阳的白马寺。相传东汉明帝时曾派人到西域去求佛经，印度僧人用白马将释迦牟尼的画像和佛经驮运到洛阳，被人称为"白马驮经"。但这都与"白马王子"无关，倒是德国的《格林童话》中有《灰姑娘》和《白雪公主》的故事，为我国家喻户晓的童话。《灰姑娘》讲的是：一个女孩子，受到继母和继母所带来的孩子的虐待。她们给她穿一件灰色的旧衣服和一双木屐，让她从早到晚地挑水、生火煮饭、洗衣服，并叫她为"灰姑娘"。后来王子选未婚妻，将化妆而来的灰姑娘选中了，但王子却不知道灰姑娘的姓名和住址。于是王子骑着马，挨家挨户地寻找。《白雪公主》的主人公是一个长得像雪那么白净的小公主。她的继母也是一个非常狠毒的人，派人将白雪公主带到森林中加以谋害。但是被派去杀害白雪公主的人将她放过了，她被留在大森林中。在森林里，白雪公主遇到七个善良的小矮人，便住在了那里。继母得知白雪公主没有死，便又去谋害她。几次三番，白雪公主终于被害死了。七个小矮人将白雪公主放进玻璃棺中，结果被一位王子发现了。玻璃棺受到震动，卡在白雪公主喉咙里的毒苹果被震出来了。白雪公主复活了，得到了王子的爱并做了他的妻子。以上的两个童话，都有多情的王子出现，不知是不是"白马王子"的由来。

"情人眼里出西施"，自己所爱的就是世界上最好的人，就是心目中的"王子"。但不知"王子"与"白马"有什么联系？是不是白马将王子引来了？或是白马送来了心目中的既年轻又英俊的"王子"？世上的确有一种被称为"白化马"的骑乘马。此种马皮肤粉红，背毛为纯白色。不知是不是它便是"白马王子"中的"白马"。或者，由于"白化马"皮肤粉红、毛色纯白，便用来比喻"王子"的英俊。

将"白马"与"王子"联系在一起，以"白马王子"为女子的理想爱人和情人，可以说恰到好处。因为白色体现着纯洁，马则有高贵、神勇的品格。

世界上有许许多多关于马的故事、小说、电影，这些文艺作品中的马，多给人留下深刻、感人的印象。马通人性，它依恋骑士，在危难之中为主人出生入死，甚至挽救了主人的生命。

我国有画马的名家徐悲鸿。

俄国有写马的高手列夫·托尔斯泰。

善于相马的人是春秋时的伯乐。后来，伯乐成为发现人才、培养人才的人的代名词。古人说："世有伯乐，然后有千里马。千里马常有，而伯乐不常有。"是讲能发现人才的人太少了。其实，发现人才也不难，难的是容纳人才、重用人才。

此外，赛马也是人们喜爱的娱乐活动之一。在我国，蒙古族、达斡尔、鄂温克、鄂伦春族等少数民族，在夏、秋季举行"那达慕大会"。在那达慕大会上，传统的体育比赛有摔跤、射箭、赛骆驼和赛马等。

赛马还是世界上历史最悠久的运动之一。《东周列国志》中，有田忌与齐威王赛马的故事。齐威王在闲暇之时，常与宗族诸公子驰射赌胜为乐。田忌马力不及，屡次失金。军事家孙膑便让田忌改变策略："诚以君之下驷，当彼上驷；而取君之上驷，与彼中驷角；取君之中驷，与彼下驷角；君虽一败，必有二胜。"这就是说：用最下等的马，与对方上等的马比赛；用最好的马，与对方中等的马比赛；用中等的马，与对方最末等的马比赛。这样，第一局会输，但第二局、第三局会取胜。一负二胜，总体上是赢家。田忌和齐威王赛马，大约是二千三百多年前的事情。

公元7世纪，古奥林匹克竞技会上，已有四驾马车比赛。罗马帝国全盛时代，有驾车赛马、骑马竞赛及"罗马式赛马"（骑手跨立两马背上）。当时的赛马活动很多，且有了专业的赛马工作人员，赛马也有比赛规则和起跑道。

号称"国王的运动"的赛马起源于英格兰。自英格兰国王查理二世在位期间兴起的国王杯赛大为流行，逐渐有了关于参加比赛马匹资格的规定，其中涉及年龄、性别、产地、骑手、过去用途、过去成绩等。现代赛马运动则发端于1776年的圣莱杰赛。赛马首先由检查员检查马匹，然后骑手称量体重，到鞍具着装场听取驯马师的提示，同时由工作人员核实马匹。

伯乐相马　中国画　范曾作

骑手上马进入赛场,再接受工作人员检阅。目前,起跑门大多已采用电动。赛马开始,途中的跑道两侧有许多检查员和工作人员,严密注视犯规行为。终点设有特别摄影机,拍摄最后冲刺场面。赛后骑手须再次称量体重,优胜马匹也须经过复查其成绩才获正式承认。最后,还要提取优胜马及其他马匹的尿液或涎水,以查明是否曾对马匹施用违禁药物。

世界上,流行赛马的国家和地区很多,如澳大利亚、奥地利、巴西、加拿大、法国、德国、意大利、美国、瑞士、土耳其、墨西哥、波兰、南斯拉夫、日本、马来西亚、印度尼西亚等国以及我国的香港、澳门等地区。在改革开放以后,我国内陆的一些城市也出现了跑马游乐场。在某些旅游景点,有骑马照像、骑马等服务项目。

马,昂首嘶鸣,它召唤我们一日千里地奔向美好的明天。

午马生肖邮票

中国

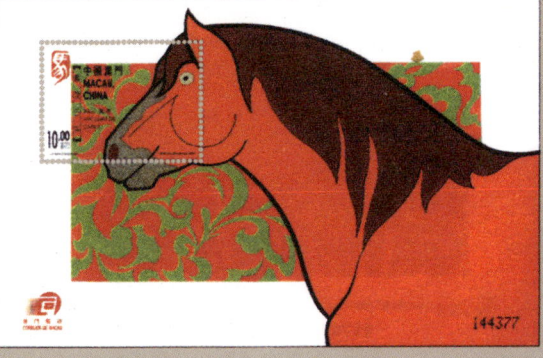

加拿大

蒙 古

多米尼加 　　　　　　　　　　　韩 国

澳属圣诞岛

日　本

法属波利尼西亚　　　　　　尼加拉瓜　　　　　　琉　球

不丹

汤加

哈萨克斯坦

吉尔吉斯斯坦

格林纳达

泰国  帕劳

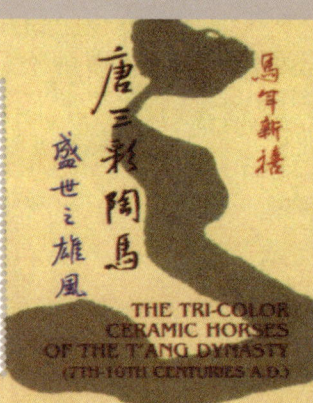

南非

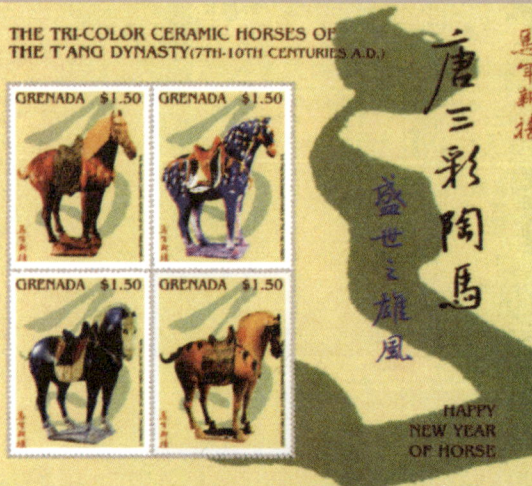

冈比亚

格林纳达属格林纳丁斯　　　　　加　纳

泽西岛

爱尔兰　　　越南

圭亚那

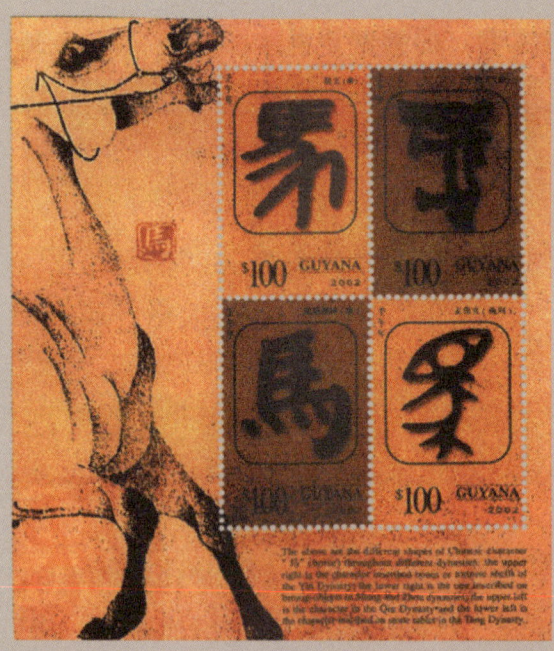

美　国

马绍尔群岛

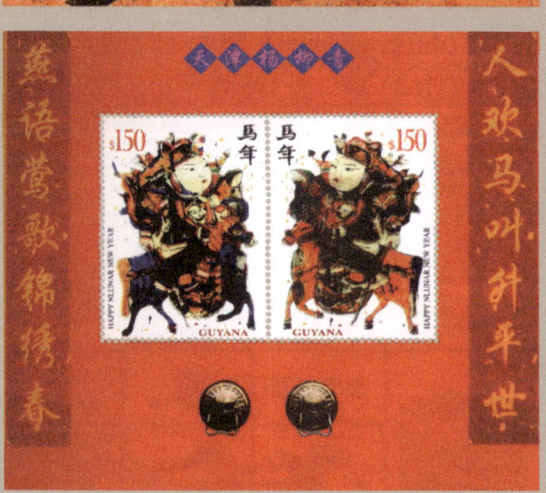

朝　鲜

马尔代夫

塞拉利昂

图瓦卢

新喀里多尼亚

所罗门群岛

塔吉克斯坦

新西兰　　　　　　　　　乌干达

荷属安的列斯

托克劳

瑞典

老挝

新加坡

索马里

赞比亚

诺富克岛

圣文森特和格林纳丁斯

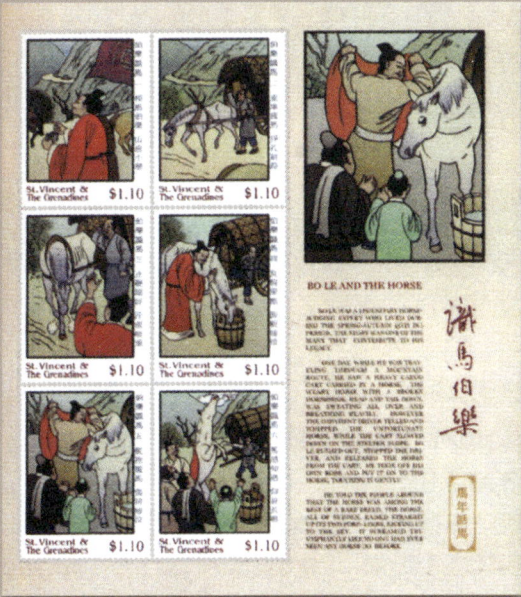

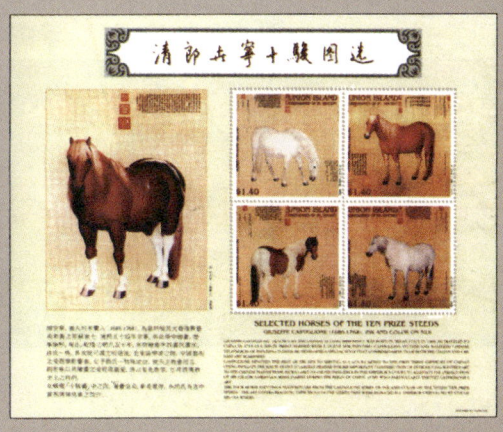

菲律宾　　　　　　　　　　　莫桑比克

郎世宁画马

聂崇正

郎世宁（1688—1766）

意大利人，原名朱塞佩·伽斯底里奥内，生于米兰。清康熙帝五十四年（1715年）作为天主教耶稣会的修道士来中国传教，随即入宫进入如意馆，成为宫廷画家。曾参加圆明园西洋楼的设计工作，历任康、雍、乾三朝，在中国从事绘画达51年。

郎世宁自康熙五十四年（1715年）来到中国，至乾隆三十一年（1766年）去世，在华总共51年，为二百余年前中国与欧洲的文化艺术交流做出了重要的贡献。

郎世宁来到中国后，画有大量作品，目前存世大约还有近百幅之多，主要收藏于北京和台北的"故宫博物院"，海内外其他博物馆亦有个别收藏。郎世宁来华之初画于康熙时的作品目前未见存世，现在所见最早的作品是画于

雍正元年（1723年）的《聚瑞图》轴（台北故宫博物院藏），这是一幅具有欧洲静物画风格的描绘中国传统习俗的作品。第二年郎世宁所画《嵩献英芝图》轴（北京故宫博物院藏）中，作者充分展示了他扎实的欧洲绘画的功底。此图造型准确、精细，挺立的白鹰，羽毛的质感很强，弯曲盘绕的松树，枝叶掩映，树皮斑驳，并适当画出光线照射出现的阴影，使图中的物象具有比较强烈的立体感。雍正六年（1728年）完成的巨作《百骏图》卷（台北故宫博物院藏），更是属于郎世宁的精品。这幅长卷画中共画有100匹骏马，姿势各异，或立或奔，或跪、或卧，可谓曲尽骏马之态。画面首尾各有牧者数人，控制着整个马群，体现了一种人与自然界其他生物间的和谐关系。在表现手法上，郎世宁充分展现了欧洲明暗画法的特色，马匹的立体感十分强，用笔细腻，注重于动物皮毛质感的表现。以上这几件作品都是郎世宁在雍正年间创作的，更多展示了欧洲绘画的艺术风貌，同时郎世宁也以其欧洲严谨的写实画确立了在清朝宫廷画师中的地位。而到了乾隆时，郎世宁与众多的中国宫廷画家合作画了许多作品，在这些合笔画中，郎世宁或负责起草图稿，或绘制图中的主要人物的肖像，仍然起着相当重要的作用。

郎世宁的走兽画中有马、羊、虎、鹿、狐、牛等动物，但以画马最多，这里大概和中国传统文化关联甚大。马是中国历代画家描绘的传统题材之一，绘画史上曾经出现过众多的画马能手，如陈闳、韩滉、韩幹、韦偃、胡瓌、李

郎世宁画马

百骏图（长卷局部）　郎世宁作　台北故宫博物院藏

公麟、赵孟頫，郎世宁的许多画马作品上还专门写明某匹马的名称，是由什么部落什么首领进献的，还标明了马的色泽、身高、体长的尺寸，描绘得极其细致逼真。从这些画幅中，不但可以看到郎世宁高超的写实技艺，还可以了解到当时清中央政权与藩属间的交流，具有一定的历史纪实价值。

而第二类作品，是郎世宁根据自己多年的观察、体会而创作的画幅。这些画幅中的马匹，并不确指某一名驹，而是在综合、融会各种马匹形象的基础上创造出来的。这类画幅的代表作有《百骏图》卷（台北故宫博物院藏）、《双骏图》横幅（镇江市博物馆藏）、《八骏图》卷（又称《郊原牧马图》卷，北京故宫博物院藏）、《八骏图》卷（江西省博物馆藏）、《八骏图》轴（台北故宫博物院藏）、《云锦呈才图》轴（图中画八匹骏马，台北故宫博物院藏）等。

这第二部分画幅，由于不是对着某匹真马写生，所以作者更能充分发挥其想象力，图中的马匹显得愈加活泼天真、自然生动，其艺术性要略高于对着真马写生的作品。

郎世宁在清宫中画过许多动物，但它们的数量远远及不上画马，究其原因，当然首先是

马　郎世宁作　上海博物馆藏

因为，雍正、乾隆时蒙古、西域等地出产良种骏马，当地的首领不断将骏马作为贡品进献给皇帝，使得画家郎世宁在客观上有条件可以更多地描绘这些皇家御苑中的名马。但是这只是问题的一个表面现象，而更深一层的原因，还需要到中国传统的文化意识中去寻找。

中国古代绘画中的动物或植物，除去它们本来固有的自然属性之外，画家在表现它们时，往往还赋予其某种象征或比喻的含意，比如竹包含有清高、气节的意思，牡丹花喻意富贵，松树象征长寿等等。而动物中的骏马，除去能体现迅速快捷之外，还常被视为出类拔萃的人才。

根据以上的事实，可以这样认为，郎世宁作品中大量的画马题材（除去描绘进贡的骏马以外），是为了迎合最高统治者皇帝的需要，由此来说明，社会上的各种人才，由于生逢太平盛世，为明君所赏识和重用。那么这些画幅就不仅仅是单纯描绘和表现动物的形象，而其中就明显地带有歌功颂德的用意在内了。难怪画家郎世宁不断重复地描绘着姿势大同小异的马匹，他这样做同样也是为了博取皇帝的欢心，

爱乌罕四骏图（长卷局部）　　郎世宁作　台北故宫博物院藏

感激皇帝对他的知遇之恩，表示自己愿效犬马之劳的意思。这就是宫廷画师身处的地位和作画时的心境。这与文人画家吟诗写字、泼墨挥毫可谓相去甚远。

玛瑺斫阵图（长卷局部）　　郎世宁作　台北故宫博物院藏

云锦呈才图 郎世宁作 台北故宫博物院藏

郎世宁画马

十骏图（长卷局部）　　台北故宫博物院藏

十骏图（长卷局部）　　台北故宫博物院藏

十骏图（长卷局部）　　台北故宫博物院藏

十骏图（长卷局部）　　台北故宫博物院藏

此外，还有一个十分有趣的现象，郎世宁这类画马作品中，尤其以《八骏图》为最多。仔细分析起来，这里面也有典故。传说周穆王有八匹良骏，一说为赤骥、盗骊、白义、逾轮、山子、渠黄、华骝和绿耳（见《穆天子传》），另一说为"王驭八龙之骏，一名绝地，足不践土；二名翻羽，行越飞禽；三名奔宵，夜行万里；四名超影，逐日而行；五名逾辉，毛色炳耀；六名超光，一形十影；七名腾雾，乘雪而奔；八名挟翼，身有肉翅"（见《拾遗记》）。周穆王曾驾驭这八匹神骏西游，会见西方的神人。很显然郎世宁经常画八匹骏马，用的就是这个典故。清朝康熙、雍正、乾隆三个皇帝在位时，国力强盛，尤其到了乾隆前半期，在西北用兵，屡战屡胜，相继平定了蒙古族准噶尔部达瓦齐和阿睦尔撒纳以及回部的波罗尼都、霍集占（亦称大小和卓）的叛乱，随之西北各部落纷纷归附清朝，"西陲万余里，城无不下，众无不降"（乾隆皇帝上谕），西域大片土地纳入清朝版图，乾隆皇帝踌躇满志，得意非凡。所以郎世宁一而再、再而三地画《八骏图》，其目的和用意也是显而易见的，即通过对马匹的描绘，赞扬了清朝皇帝驾八骏遨游八极四方，开疆扩土。我们从这些画幅中，隐约可以感受到皇帝由此产生的一种心理上的满足与慰藉。

至于在绘画的技艺方面，郎世宁开创了一种不同于中国传统绘画的新颖的画法。他运用中国的毛笔、纸绢和色彩，却能以欧洲的绘画方法注重于表现马匹的解剖结构、体积感和皮毛的质感，使得笔下的马匹形象造型准确、比例恰当、凹凸立体，而不像中国古代画家采用延绵遒劲的线条来勾勒物象轮廓的方法。他是以细密的短线，按照素描的画法，来描绘马匹的外形、皮毛的皱褶和皮毛下凸起的血管、筋腱，或者利用色泽的深浅，来表现马匹的凹凸肌肉，与传统中国绘画中的马匹形象迥然有别。在二百多年前的宫廷里，这种别开生面的画法，受到了皇帝的喜爱，并由此影响到一部分中国宫廷画家的画风，以至这个中西合璧的画马方法，时至今日还不乏传人。

（本文摘自天津人民美术出版社《宫廷画师郎世宁》）

郎世宁画马

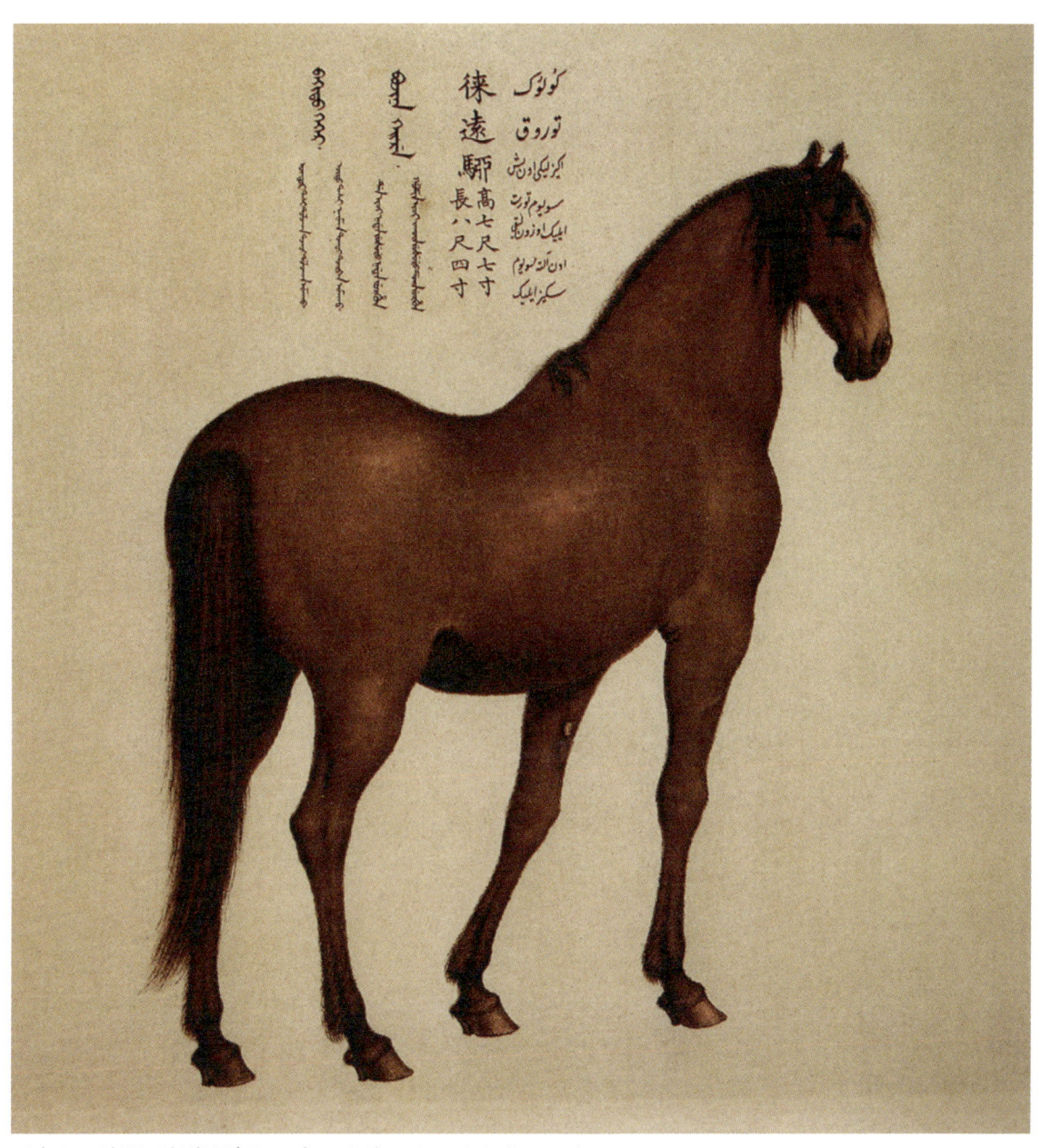

爱乌罕四骏图（长卷局部）　郎世宁作　台北故宫博物院藏

浅谈潍坊民间美术中的马

孙杰妤

人类悠久的历史上，马在人们的生活、生产中起到了重要作用，以至于评价功绩比喻为"汗马功劳"。马在整个人类文明的形成和发展过程中所起的作用在某种程度超过了人自身。马所拥有的与其他动物不同的自身价值——力量、速度及对人们在生活生产中的作用，自从开始驯化马，它就在不断地推动着社会历史的进程和时代的发展，也为工农业的发展做出了不可磨灭的功勋。而在不同地区不同民族，马在人们生活生产中扮演的角色不尽相同，在这个过程中也渐渐地形成了丰富多彩的各地马文化。不仅如此，马也影响了人类活动的其他方面。凡是人类涉及到的领域如生产、生活、交通、运输、通讯、军事、医疗、教育、科研等与人类生存息息相关的方方面面都曾与马和马文化有联系。

山东地区马文化源远流长，山东章丘龙山镇城子崖的考古发现证明，自父系氏族公社时期，人们就开始驯化马。许多古籍中有"相土作马乘马"的记载，作乘马就是用四匹马驾车，作为运载的工具。属龙山文化的山东历城城子崖、河南汤阴白营等新石器时代文化遗址出土过马骨。甘肃永靖大何庄齐家早期文化遗址出土的马下白齿，经碳素断代并校正，其年代约为公元前2000年前后，经鉴定与现代马无异。又据《周易·系辞下》载，黄帝、尧、舜时"服牛乘马，引重致远"，说明当时马已被驯化和用于使役。

马的造型艺术起源，可追溯至在我国北方大量发现的岩画艺术。马形象不但是岩画中最

马哨　泥塑　山东

早出现的"史前艺术"形式，而且是重要的内容之一。在内蒙古和邻近省区发现的诸多北方游牧民族的古墓壁画中，马的踪迹和形象，可以说无时不在，无处不有。它同上述岩画、青铜艺术一样，反映出不同时期北方游牧民族的生产生活、民俗习惯、宗教信仰及审美追求等诸多方面。

在目前关于现存动物的文字、语言、文学、艺术、体育、民俗等表现形式中，马的表现形式最多，也最丰富，而且制作工艺和技术达到了顶尖的水平。

马文化长期以来基本以"吉祥"为核心价值，其中包含有祝福、祈祷、激励、成功等象征意义，"马到成功"已成为了人们相互间祝福的代名词。马的词语中出现贬义成分的机率，也是所有鲜活的象征动物中最少的。

中国民间美术的最大特点之一，就是在题材选取与内容表现上与人们的宗教信仰、民情

浅谈潍坊民间美术中的马

习俗，以及生产劳动和日常生活有着密切的联系。而马作为人们饲养的家畜之一，与人们的精神和物质生活密切相关，因此，马的形象出现在民间美术的各个门类中实在是顺理成章的事情。

马样风筝 风筝作为山东潍坊地区最具特色的民间美术门类，具有悠久的历史和丰富的种类与样式。潍坊风筝的造型采取扎制与彩绘相结合的手法，创作成各种动物形象，而其中的马形象多采用彩绘的形式，在已扎制裱糊好的风筝上绘画出不同的马造型，其中尤以十二生肖风筝中的马形象最为活泼可爱，它被描绘成一种忠诚善良、任劳任怨、充满童真童趣的形象。近年来，马还以动画卡通的形式出现在风筝上，其夸张的造型和嫉恶如仇的正义形象，在反映了人们善恶价值判断的同时，还说明了潍坊风筝在扎制及彩绘上的与时俱进。

马样刺绣 刺绣是中国的一项古老的女红工艺，具有悠久的历史和广泛的群众基础。山东作为古代中国社会、经济发达的地区之一，女红刺绣更是深入城乡，普及广泛。汉代王充在《论衡》中有"齐都世刺绣，恒女无不能"的记载，潍坊在春秋战国至秦汉时皆属齐地。潍坊刺绣明代时在民间已较为普遍。马儿这个深受人们喜爱的形象更是出现在潍坊女红刺绣的众多形式和种类中，主要有民用绣品（妇女孩童的衣着、床上用品、帷帐、绣鞋、荷包等）、戏装戏具（各类剧种的戏衣戏具无不一应俱全）、艺术绣品（名人字画绣品、祝寿礼品等）。马儿健硕丰满、调皮可爱的形象，经过千百年的刺绣实践，形成了浓郁的潍坊地方色彩，其特点是选取吉祥如意的题材及与生活密切相关的内容，采取寓意手法表达主题。其构图针法多样，色线丰富匀称，形象简洁夸张，有较强的装饰性，风格朴实，使人感到温馨愉悦。其中成双成对马形象的刺绣，配色明快，鲜艳热烈，绣工精致，针脚细腻，将马儿聪慧敏捷、机动灵巧的形象充分表达了出来，深受人们的喜爱，绣品同时也寄托了对心爱的人的美好愿望！

年画与马形象 年画是潍坊地区在全国乃至国际上最具影响的民间美术种类之一，以寒亭杨家埠木版年画最为著名。在杨家埠年画中马虽然不是画面的主体形象，但在许多题材中也有马的形象出现，如马夸张拟人化的形象就常出现在金童子（马童乐呵呵）、山水花鸟（马有百态）、戏剧人物（白龙马）、神话传说（汗血宝马）等题材的画面中。同时也有反映了民间生活、针砭时弊之作，但喜庆吉祥是杨家埠年画中马儿形象的主题。诸如吉祥如意、欢乐新年、恭喜发财、富贵荣华、年年有余、安乐升平等，马儿特有的形象像亲人的祝福，似好友的问候，马儿健硕丰满喜庆吉庆的欢欣形象将家家户户打扮装饰得节意浓郁、喜气洋洋。

日进斗金　年画　山东潍坊杨家埠

杨家埠木版年画中的马儿形象根植于民间。土生土长，集中了劳动人民的艺术才能和勤劳智慧，凝结了广大劳动人民淳朴的思想感情和对美好生活的强烈愿望。在塑造马儿的表现手法上，形成了鲜明的艺术特点，通过概括、象征、寓意和浪漫主义手法来体现马儿的主题。构图完整、饱满、匀称；造型夸张、朴实；线条简练、挺拔流畅；色彩艳丽火爆，对比强烈，富有装饰性和浓郁的生活气息。从马儿形象的表现上可以看出潍坊地区劳动人民善良勤劳、幽默纯朴、爱憎分明的性格特点和高尚的道德情操以及健康向上、朴素真挚的审美情趣。

泥塑与马儿形象 在潍坊地区泥塑又名泥人，是一项非常有群众基础的民间美术形式，以高密和安丘两地所产最多。高密泥塑以聂家庄出产的最为有名，据记载，聂家庄泥塑源于明代万历年间，至今已有400余年的历史。清康熙年间，由于受当地民俗的影响和老百姓对幸福生活的渴望，曾有段民谣广为流传："聂家庄，朝南门，家家户户捏泥人。"艺人们开始由做"锅子花"向做泥娃娃、禽、兽、鱼等供祈望美好生活和儿童玩要的泥玩具发展。至嘉庆年间，聂家庄泥塑有了较大发展，艺人们在制作泥玩意儿时巧妙地将其分成两部分，加上了苇哨，使动物有叫声。艺人们在"叫马""叫虎"、"摇猴"、"叫狮"等的胎体内留空，并在腰间用羊皮或纸皮粘接，使之活动挤拉时，空腔内的空气受到挤压，通过苇哨发出或洪亮或清脆的声音。聂家庄马儿泥塑也逐渐由"呆"玩意儿发展到会动、会叫、会逗趣的"活"玩意儿，一边玩一边发出类似奔跑的"驾儿驾儿"声，受到了儿童们的喜爱。

剪纸与马儿形象 剪纸作为一种古老的艺术形式，早在北魏时就已出现。它成本低，操作简单，简便易学，在民间非常普及。潍坊地区的高密与昌邑两地民间剪纸尤为盛行，其历

男十忙　年画　山东潍坊杨家埠

浅谈潍坊民间美术中的马

剪纸　山东潍坊

史悠久，取材广泛，技法熔江南剪纸之纤巧和江北剪纸之粗犷于一炉，风格独特。剪纸艺人遍及千家万户。在艺术上，运用了对立统一的手法，块与线组成黑白色调，相互衬托，对比强烈，富有韵律感；其线条刚劲挺拔，有金石味；造型稚拙粗犷而不呆板，夸张变形而不失真。所剪物象粗犷中显清秀，拙朴中藏精巧，玲珑剔透，又质朴可爱。尤其动物剪纸，构思浪漫而不浮夸，造型严谨而不拘泥，动作情态若似活物跃然纸上。在"窗花"、"鞋花"、"顶棚花"、"馍馍花""枕顶花"等样式和五谷庄稼、生肖胖娃、猪马牛羊、鸡犬鹅鸭、牡丹鸳鸯、白蛇西厢等题材内容的作品中，寄托了作者和人们的美好愿望，运用阴剪和阳剪手法，巧用黑块和细线，善使锯齿纹和光滑面，有定规而不拘束，剪出了粗犷而精巧、简约而不单调、质朴而灵秀、生动又传神的艺术效果。

马儿在潍坊民间剪纸的题材内容中占有重要位置，不仅作为十二生肖之一组团形象出现，更以独立的艺术形象结合美好的民间传说出现，其题材多为戏剧故事、吉祥图案、生活习俗等，其中将马儿与"福"、"禄"、"寿"字样完美结合在一起的剪纸式样更是潍坊民间剪纸艺人的智慧结晶，深受群众喜爱。在剪纸中，马儿的形象以构思精巧见长，构图或简或繁，但简而不空，繁而不塞，千变万化，其手法多夸张变形但又不失其真。作者兴之所至，随心创作，作品不拘成法。马儿的剪纸形象含蕴着民族文化的深层心理。民间美术的马儿剪纸形象作为中国本源哲学的体现，在艺术表现上有着正面、健康、积极、乐观、美化、吉祥的特征，同时民间剪纸中的马儿形象用自己特定的表现语言，传达出传统文化的内涵和本质。

马样纸扎　纸扎，又称扎作、糊纸、扎纸库、扎罩子、彩糊等，是一种用竹、木以及金属丝扎制成所需造型的骨架，然后根据创作需要，糊上宣纸、绵纸、毛边纸或绸绢等材料，最后进行绘画图案，是融剪纸、绘画、草编和裱糊于一体的民间工艺美术形式。在民间，纸扎的主要形式是风筝、灯笼以及民俗、祭祀活动的刀具等。在潍坊地区相当普遍，有千余年的历史。纸扎的传统作品有风筝、灯笼、业余剧团的道具，民间文艺演出时用的旱船、龙灯、狮包等等，还有祭祀所用的金山、银山、箱柜、摇钱树、纸人、纸马等。每逢节日或喜庆之际，以马儿形象出现的各式纸扎更是层出不穷，如十二生肖中的马样纸扎、马样纸扎玩具，形态与色彩各异的马儿纸灯并配上灯谜更是一道民俗文化亮色。马样纸扎是生活的原发性艺术，是生活与审美相结合的产物。马样纸扎在造型上不求物体的重量感和形象的肖似，而以扎、塑、绘、编结合，虚实相生，色彩浓郁，形态空灵，夸张变形，注重神思和特征的刻画。以彩纸、麦秸、芦苇、竹子等为廉价原材料，扎制出人们喜爱的各种马儿形象并随时代发展而有所演变。马儿形象的纸扎是在日常生活中获得的具象造型抽象化，具有浓郁的民俗气息，成为一种富有特色的民间民俗文化。

马术运动

宋长宏

马术,起源于原始人类的生产劳动过程。中国的马术具有悠久的历史,兴于周代,盛于唐代,而现代马术运动则始于欧洲。

马球曾经是风靡我国古代社会的一种游艺活动。因它是一项骑在马上挥杖击球的运动,所以又称击鞠、击球。中原地区的马球始于何时?一说起源于波斯,由波斯经西域传入长安;一说起源于吐蕃,后传入中国。马球在唐代初年传入中原地区。中唐人封演《封氏闻见记》记载:"太宗常御安福门,谓侍臣曰:'闻西番人好为打球,比亦令习,会一度观之。'"唐太宗令习打球,首开唐代打球风气,标志着唐代马球运动的兴起。到唐代中期及其以后,马球活动逐渐风行。上自皇帝,下至诸王大臣、

打马球俑　唐代　新疆维吾尔自治区博物馆藏

文人武将,无不"以此为乐"。

1956年,西安唐长安大明宫含光殿遗址出土一奠基石,上有铭文:"含光殿及球场等大唐大和辛亥岁乙未月建。"此石的出土表明,唐代皇宫中专门设有供皇帝使用的马球场。唐代皇帝多爱好打马球,有的球技还很高超。《唐书》本纪中常常有皇帝幸某处击鞠的记载。唐中宗李显就是个球迷,他经常率领文武百官到梨园亭球场观看马球比赛。沈佺期曾作《幸梨园亭观打球应制》:"今春芳苑游,接武上琼楼。宛转紫香骑,飘摇拂画球。俯身迎未落,回辔逐傍流。只为看花鸟,时时误失筹。"诗中描绘了初春时节宫廷中马球比赛的激烈场面。《封氏闻见记》记有一场吐蕃队和唐朝宫廷队的马球赛:"景云中,吐蕃遣使迎金城公主,中宗于梨园亭子赐观打球。"结果以临淄王李隆基等为队员的唐朝队获胜。李隆基即位后,仍打球不辍,一直坚持到晚年。宋人李公麟绘有《明皇击球图卷》,晁无咎题诗曰:"宫殿千门白

三彩打马球仕女俑　唐代

昼开，三郎沉醉打球回。九龄已老韩休死，明日无复谏疏来。"玄宗以后诸帝也都嗜球如癖，一直延续到五代时的南方政权，如吴主杨行密、蜀主王衍都喜好马球之戏。后蜀花蕊夫人《宫词》说："小球场近曲池头，宣唤勋臣试打球。""西球场里打球回，御宴先于苑内开。"

唐代皇帝对马球的喜好，带动了社会上马球运动的盛行。"上好击球，由是风俗相尚。"唐代诸王公大臣、武将文官乃至女子都很喜爱打马球。1971年，在陕西乾县唐章怀太子李贤墓中发现一幅极其珍贵的《马球图》，画面上绘有二十多个骑马击球的人物形象。他们穿着各色窄袖袍，头戴襆巾，足登黑靴。五名骑手正在奋力夺球，一位骑枣红马的骑手跑在最前面，高举鞠杖，侧身向后击球，身手矫健，姿态优美，球在场中滚动，后面的几个骑者正在驱马争抢。整个画面气势宏伟，再现了唐代贵族马球活动的精彩场面。唐代文人中进士后，按惯例要到月灯阁举行球会。五代王定保《唐摭言》就记有僖宗乾符四年（877年）的一次月灯阁球会的盛况："诸先辈月灯阁打球之会。时同年悉集。无何，为两军打球，阁下数千人因之大呼笑，久而方止。"就连闺阁女子也喜

马球图　唐代　章怀太子墓壁画

欢打马球。北京故宫博物院珍藏有一唐代击球图铜镜，上面雕刻着四个驱马击球的女子形象，女子们身骑奔跃的骏马，手中挥舞着球杖，姿态英武骄健，画面生动地再现唐代女子马上击鞠的形象。

打马球，也是契丹、女真、蒙古等民族喜爱的体育活动之一。它的历史可回溯到古匈奴时期。13世纪蒙古人中此俗甚盛。赵珙在《蒙鞑备录》中说，蒙古人"击鞠止是二十来骑，不多用马者，尔恶其哄闹也"。蒙古人入主中原、统一全国后，马球运动仍在他们当中流行。元熊梦祥《析津志·风俗》中言：

击球者，今之故典。而我朝演武亦自不废。常于五月五日、九月九日，太子、诸王于西华门内宽广地位，上召集各衙万户、千户，但怯薛能击球者，咸用上等骏马，系以锥尾、缨络、萦缀、镜铃、狼尾、安答海，装饰如画。玄其障泥，以两肚带拴束其鞍。先以一马前驰，掷大皮缝软球子于地，群马争骤，各以长藤柄球杖争接之。而球子忽绰在球棒上，随马走如电，而球子终不坠地。力捷而熟娴者，以球子挑别跳掷于虚空中，而终不离于球杖。马走如飞，然后打入球门中者为胜。当其击球之时，盘屈旋转，倏如流电之过目，观者动心骇志，英锐

打马球铜镜　唐代　北京故宫博物院藏

之气奋然……胜者受上赏，罚不胜者，若纱罗、画扇之属。

明朱有燉《元宫词百首》其一："射柳击球东苑里，流星骏马蹴红尘。"至今，在蒙古族那达慕大会上还保留着打马球这一传统体育项目。

马球实际上也是一种马术或马戏运动。今之马戏、马术各有自己的概念，但在古代各种与马有关的游艺活动都可称之为马戏或马术。训练马匹跳舞，也是马戏的一种。

我国古代许多民族不但以养马闻名，而且善于训练马匹。史籍中多有"舞马"、"善舞马"之记载，这些马就是他们驯养的结果。

三国时期曹魏政权曾经得到一匹来自大宛国的善于舞蹈的骏马。《太平御览》卷八九四引《魏志》："陈思王表文帝曰：'臣于武皇帝世，得大宛紫骍马一匹，形法应图，善持头尾，教令习拜，今已能拜。又良能行与鼓节相应，谨以奉献。'"类似大宛的舞马，在鲜卑、吐谷浑中更是多见。吐谷番源鲜卑慕容氏，是一个善于养马和驯马的民族。《宋书·鲜卑吐谷浑传》："世祖大明五年，拾寅遣使献善舞马、四角羊。皇太子、王公以下上《舞马歌》者二十七首。"当时的一些文人更为此而作《舞马歌》、《舞马赋》等数首。据《北史·吐谷浑传》、《梁书·河南王传》记载，吐谷浑还曾向西魏、南朝梁"献善舞马"。

受吐谷浑及西域文化的影响，隋唐之时也极其盛行马舞。隋薛道衡《和许给事善心戏场转韵诗》："万方皆集会，百戏尽来前。""羌笛陇头吟，胡舞龟兹曲。""抑扬百兽舞，盘跚五禽戏。""青羊跪复跳，白马回旋骑。"这里既有音乐舞蹈表演，也有惊险的马术、杂技，生动地描写了节日集会文娱活动的热闹场面。《太平御览》卷五七四引《明皇杂录》记有唐玄宗时马舞的情景：

磁州窑白地黑花马术绞枕　宋代

明皇在位，尝令教舞马四百匹分为左右部，目为某家宠、某家娇。时塞外亦以善马来贡者，上俾之教习，无不曲尽其妙。因命衣以文绣，络以金铃，饰其鬃间，杂以珠玉。其曲谓之《倾杯乐》者数十曲。奋首鼓尾，纵横应节。又施以三层板床，乘马而上，转如飞。或命壮士举一榻，马舞于榻上。乐工数十人立于左右前后，皆衣以淡黄衫、文玉带，必求少年而姿儿美秀者。每千秋节，常命舞于勤政楼下。其后明皇既幸蜀，舞马亦散在人间。禄山尝睹其舞而心爱之，自是因以数十匹置于范阳。其后转为田承嗣所得。而承嗣不知，杂于战马，置之外栈。忽一日，军中大享士，乐作，马舞不能自止。

唐代许多诗人留下了关于马舞的诗章，仅张说一人就有《舞马词六首》、《舞马千秋万岁乐府三首》等。这些善于舞蹈的马匹，其所表演的马舞，有点类似于欧洲的盛装舞步。

马术运动

所谓马戏,更主要是指人在马上表演各种技艺。这种技艺早在汉代就已经有了。桓宽《盐铁论·散不足》:"戏弄蒲人杂妇,百兽马戏斗虎。"宋代马戏最盛。孟元老《东京梦华录》:

先一人空手出马,谓之引马。次一人磨旗出马,谓之开道……忽以身离鞍,屈右脚挂马鬃,左脚在蹬,左手把鬃,谓之献鞍,又曰弃鬃。背坐或以两手握镫拶,以肩著鞍桥,双脚直上,谓之倒立。忽掷脚著地,倒拖顺马而走,复跳上马,谓之拖马。或留左脚著镫,右脚出蹬离鞍,横身在鞍一边,右手捉鞍,左手把鬃,存身,直一脚顺马而走,谓之飞仙膊马。又存身拳曲在鞍一边,谓之镫里藏身。

此中所记之马戏,多为今天所继承。

今之马戏属于杂技类,而马术属于体育类。马术是指人骑乘马匹或驾御马车的运动,世界上许多国家和地区都有这种运动项目,但方式、方法、特点却不尽相同。国际比赛中有盛装舞步赛、超越障碍赛、四轮马车赛、速度赛等。有些地区还将赛马与赌博结合在一起,如我国香港的赛马世界闻名。

1900年巴黎奥运会马球比赛

马术运动是在马上进行的各种竞技运动的总称。内容包括骑术、赛马、双驾马车、马球等项目。骑马、乘坐马车和在马上进行各种比赛的活动最早产生于亚洲。距今4500年前,两河流域的苏美尔人便发明了车辆(用现已绝迹的一种野鹿牵拉)。四五百年之后,又开始使用马匹。最初的骑马活动十分危险,因为当时还未用马鞍。古代的东北非、西亚、中亚、南亚和南欧,是赛车、赛马活动最流行的地区。至迟公元前4世纪,马球运动已从亚洲传入南欧,当时波斯国王曾将一个比赛用球和一支球杖作为礼物赠送给马其顿国王。此后,埃及、中国、日本等国都盛行马球运动。

近代马术运动起源于英国。17世纪英国资产阶级革命后,赛马活动有了很大发展。过去测验性质的赛马,成为赌博工具。18世纪初,由于英国女王的支持,争夺奖金的赛马活动更为盛行。

19世纪后半叶,赛马运动进一步发展,以致有关于赛马的专业杂志《英国赛马年鉴》问世。这时期出版的《英国养马指南》,对纯种马的认定和检测作了更严格的规定。

1900年巴黎奥运会上,马术被列为比赛项目。1912年第5届奥运会才开始把3日赛、障碍赛、盛装舞步赛三项列为比赛项目。

马技 画像砖 汉代 河南南阳

人双手上举,左足向后抬起,右足立于马背,一马昂首竖耳站立,为马技表演。

中国古代马车

王 迅

中国是最早造车的国家之一，相传距今约5000年前的黄帝时代就已出现了车。关于中国古代是从何时确切开始使用车子的，至今还是个谜。《左传》、《墨子》等先秦时期的文献中，有"奚仲作车"、奚仲曾为夏朝的车正的说法。但是目前尚未发现夏代已使用车子的考古证据。最初的车以圆形木板作为车轮，称为"辁"，后来对车辆作出重大改进，从此开始使用带辐条的空心车轮。在河南偃师商代早期都城中的道路路面上曾发现车辙，表明当时已经使用了车子。但是，该车辙两轮之间的距离仅1.2米左右，远远窄于商代晚期马车的2.2—2.4米的轮距。因此，估计它可能不是马车留下的车辙。古代文献曾记载的祖先王亥"作服牛"，因此，商代早期有可能已经使用了牛车，不排除偃师商城发现的车辙是牛车或人力车留下的。迄今为止，在我国境内发现的年代最早的车子实物是河南安阳殷墟出土的商代晚期的马车，目前已发现数十辆。当时贵族下葬时，通常都有成套车马及驾人陪葬。这些马车多被埋葬于贵族的墓葬旁边，一般一座车马坑中埋放12辆车。多数马车上有青铜制作的车马器，有的车箱内还有兵器和驾驭马车所用的器具。有的马车边还埋有驾车的驭夫。可以看出，商代晚期的马车主要是用于车战和贵族的代步工具。商代的车基本都为单辕两轭，这可以从甲骨文中象形文字"车"的字形得到证实。西周时期是中国古代礼制发展的重要时期。中国古代的许多制度出现于西周时期。车马制度也不例外。当时，马车除了继续被用于作战之外，还被作为等级身份的体现物。据周代的礼书记载，从周王到诸侯、卿大夫，依据其身份的不同而在车子的结构、驾马的数量、车马器的形制、车子的装饰等方面有严格的区别。在周代的贵族墓葬旁边，常可发现附葬的车马，坑内埋放车马的数量和旁边贵族墓葬的规模和随葬品相匹配。迄今所见，西周时期的车马坑埋放车最多的可达十余辆，去年发掘的

铜车马　秦代　陕西临潼秦始皇陵出土

青铜车马　战国　江苏淮安出土

兽首青铜车辕饰　战国　河南辉县出土

湖北枣阳九连墩一号东周墓旁边的车马坑中的车子达33辆之多。周代时，已采用油脂作为车轴的润滑材料。另外，在春秋战国时期，诸侯之间战争频繁，而且盛行车战，动辄就使用数百乘甚至数千乘战车进行作战，拥有战车的数量也成为衡量列国军事实力的标志之一，因此就有了"百乘之国"、"千乘之国"甚至"万乘之国"的说法。这一时期，造车技术已非常成熟，《考工记》中就对车轮制造的平正均衡、稳定耐磨提出了具体的要求。战国晚期，骑兵逐渐取代战车成为东周列国主要的作战手段。秦代时，战车仍是主要的作战工具，秦兵马俑坑就出土驷马战车一百辆。同时，车作为日常乘行工具也有了很大的发展。秦统一后，实行"车同轨"制度，车辆制造进入标准化阶段。早期的车车厢很小，只能站立乘行，后来车厢逐渐扩大，出现了可坐乘的安车。秦陵出土的二件铜车马均仿自真实车马，比例为真车的二分之一。一号车为立乘之前导车，长2.25米，高1.52米。单辕双轭，套驾四马。二号车为坐乘之安车，全长3.28米，高1.04米。车厢分前后两室，前室为驾驶室，后室为乘主坐席。车厢上有椭圆形车盖。车为单辕双轮，前驾四匹铜马。汉代机动部队多以骑兵充任，战车从此消失。同时，普遍乘行车辆结构也有很大变化，单辕车逐渐被两辕车取代。三国时期，还出现了计里鼓车和指南车这两种带有精巧机械装置的车辆，前者用于记录行驶里程，后者用于指示行驶方向。在汉代诸侯王的墓葬中，可以看到有车子随葬。魏晋时期出现了独轮车这种便捷的车式装载工具，一直沿用至今。有人甚至认为，史书中记载的诸葛亮发明的木牛流马其实就是一种独轮车。早期车辆多以马拉，魏晋南北朝时开始流行牛车。牛车速度虽不及马车，但行驶颠簸小，乘坐相对舒适。宋代开始，轿子逐渐流行，客观上抑制了载人车辆的发展。乘轿时，虽前呼后拥，极为风光，但从机械科学角度看，以人力的非轮式机械代替畜力的轮式机械，无疑是技术上的一大退步。中国古代造车技术也因此长期停滞不前，直至近代马车的结构和用途未再发生大的变化，最终被来自西方的四轮机械动力车取代。

最早的四轮机械动力车

中国古代马车

马的故事

伯乐相马　清　吴友如绘

伯乐相马

传说天上管理马匹的神仙叫伯乐。因此，人们把精于鉴别马匹优劣的人，也称为伯乐。

春秋时期有一个很会看马的人，名叫孙阳，人们都称他为伯乐。有一次，伯乐受楚王之托，购买能日行千里的骏马。他跑了好几个国家，仔细寻访，辛苦倍至，却始终没有发现中意的良马。

一天，伯乐从齐国返回，在路上看到一匹马拉着盐车，很吃力地在陡坡上行进。马累得呼呼喘气，每迈一步都十分艰难。伯乐对马向来亲近，不由得走到跟前。马见伯乐走近，突然昂起头来，瞪大眼睛，大声嘶鸣，好像要对伯乐倾诉什么。伯乐立即从声音中判断出，这是一匹难得的骏马。驾车的人觉得这匹马太普通了，拉车没气力，吃得太多，骨瘦如柴，便卖给了伯乐。

伯乐牵给楚王，楚王一见伯乐牵的马瘦得不成样子，认为伯乐愚弄他，有点不高兴。伯乐说："这确实是匹千里马，不过拉了一段车，又喂养得不精心，所以看起来很瘦。只要精心喂养，不出半个月，一定会恢复体力。"楚王将信将疑，便命马夫尽心把马喂好，果然，马变得精壮神骏。楚王跨马扬鞭，但觉两耳生风，喘息的功夫已跑出百里之外。后来千里马为楚王驰骋沙场，立下不少功劳。

唐代韩愈《马说》称："世有伯乐，然后有千里马。千里马常有，而伯乐不常有。"后人常以此来形容人才的埋没。

田忌赛马

齐国的大将田忌很喜欢赛马，有一回他和齐威王约定，要进行一场比赛。他们商量好，把各自的马分成上、中、下三等。比赛的时候，要上马对上马、中马对中马、下马对下马。由于齐威王每个等级的马都比田忌的马强得多，所以比赛了几次，田忌都失败了。有一次，田忌又失败了，觉得很扫兴，比赛还没有结束，就垂头丧气地离开赛马场。这时，田忌抬头一看，人群中有个人，原来是自己的好朋友孙膑。孙膑招呼田忌过来，拍着他的肩膀说：

遄台遗址

《左传》有"齐侯至自田，晏子侍于遄台"的记载。位于山东淄博齐都镇小王庄南的遄台，传为齐国战马集结之处，又说齐威王与田忌赛马之地。

"我刚才看了赛马，威王的马比你的马快不了多少呀。"孙膑还没有说完，田忌瞪了他一眼："想不到你也来挖苦我！"孙膑说："我不是挖苦你，我是说你再同他赛一次，我有办法准能让你赢了他。"田忌疑惑地看着孙膑"你是说另换一匹马来？"孙膑摇摇头说："连一匹马也不需要更换。"田忌毫无信心地说："那还不是照样得输！"孙膑胸有成竹地说："你就按照我的安排办事吧。"齐威王屡战屡胜，正在得意洋洋地夸耀自己马匹的时候，看见田忌陪着孙膑迎面走来，便站起来讥讽地说："怎么，莫非你还不服气？"田忌说："当然不服气，咱们再赛一次！"说着，"哗啦"一声，把一大堆银钱倒在桌子上，作为他下的赌钱。齐威王一看，心里暗暗好笑，于是吩咐手下，把前几次赢得的银钱全部抬来，另外又加了一千两黄金，也放在桌子上。齐威王轻蔑地说："那就开始吧！"一声锣响，比赛开始了。孙膑先以下等马对齐威王的上等马，第一局田忌输了。齐威王站起来说："想不到赫赫有名的孙膑先生，竟然想出这样拙劣的对策。"孙膑不去理他。接着进行第二场比赛。孙膑拿上等马对齐威王的中等马，获胜了一局。齐威王有点慌乱了。第三局比赛，孙膑拿中等马对齐威王的下等马，又战胜了一局。这下，齐威王目瞪口呆了。比赛的结果是三局两胜，田忌赢了齐威王。还是同样的马匹，由于调换一下比赛的出场顺序，就得到转败为胜的结果。

指鹿为马

秦朝有一个大奸臣，名叫赵高。他出身卑微，其父因犯重罪，不仅自己被处以宫刑，而且也连累其母罚没为官家奴婢。后来其母与人野合而生下赵高。赵高就是在秦灭亡赵国后，作为阉宦被掳入秦的。由于他身体强壮，又粗通法律，很快得到了秦始皇的信任，被任命为中车府令。

秦始皇死后，担任中车府令的宦官赵高和秦始皇的小儿子胡亥串通起来，并且威胁丞相李斯，伪造遗诏，由胡亥继位，称为秦二世。赵高作为拥戴秦二世上台的头号功臣，理所当然受到了胡亥的宠信，被任命为中书令，身居列卿之位，成为朝中的实权人物。为了堵住众大臣与诸皇室公子对矫造诏书的怀疑与不满，赵高与胡亥对众人展开了残酷无情的诛杀。

后来，赵高又设计杀死了李斯。李斯死后，赵高官拜中丞相，事无大小都由赵高裁决。虽然赵高当了丞相，把朝中的一切大权都把持在手里，可是他并不满足，还想篡权当皇帝。可朝中大臣有多少人能听他摆布，有多少人反对他，他心中没底。于是，他想了一个办法，准备试一试自己的威信，同时也可以摸清敢于反对他的人。

一天，上朝的时候，赵高牵来一只鹿，献给了秦二世。他当着大臣们的面，用手指着鹿故意说："这真是一匹好马呀！我特意把它献给陛下。"秦二世一看，心想：这哪里是马，这分明是一只鹿嘛！便笑着对赵高说："丞相

马的故事

搞错了,这是一只鹿,你怎么说是马呢?""这的确是一匹好马,陛下不信吗?请陛下看清楚,这的确是一匹千里马。"秦二世又看了看那只鹿,将信将疑地说:"马的头上怎么会长角呢?"赵高一转身,用手指着众大臣,大声说:"陛下,这是马不是鹿,不信可问问大臣们,它究竟是马还是鹿?"

大臣们都被赵高的一派胡言搞得不知所措,私下里嘀咕:这个赵高搞什么名堂?是鹿是马这不是明摆着吗!大臣们都知道赵高为人阴险狠毒,许多人畏惧他的权势,明明知道赵高说的"马"是一只鹿,但是为了拍赵高的马屁,就顺着赵高说:"是呀,这的确是匹宝马啊!"

一些胆小又有正义感的人都低下头,不敢说话。有些正直的人,坚持说是鹿而不是马。还有一些平时就紧跟赵高的奸佞之人立刻表示拥护赵高的说法,对皇上说:"这确是一匹千里马!"

事后,赵高暗中对不承认是马的大臣加以迫害,将他们投入监狱。此后,大臣们对他更畏惧了。

后来,就连秦二世对长期专权的赵高也产生了不满。坏事做尽的赵高害怕二世追究他的过失,决定先下手为强,利用自己掌握的宫内外大权派亲信强迫秦二世自杀,然后操纵政局,欲立秦二世之子公子婴为秦王。

秦王婴认识到赵高的险恶用意,经过周密的策划,在赵高督促其到宗庙受玺的时候,令早已埋伏好的手下人挥剑杀死了赵高,结束了赵高罪恶滔天的一生。

这则故事记载于《史记·秦始皇本纪》。后人以"指鹿为马"比喻有意颠倒黑白,混淆是非的行为。

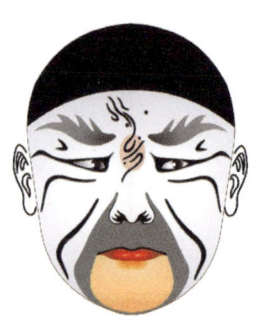

京剧脸谱赵高

塞翁失马

塞,边界上的险要地方,边界的城关。翁,老头儿。《淮南子·人间训》里说,住在边塞上的一个老头儿,一天丢了马,别人来慰问他,他说:"这怎么就不算是件好事呢?"一个月后这匹马果然回来了,还带回了一匹好马。后来,就用"塞翁失马,安知非福"来比喻虽然事暂时吃亏或失利,却因此得到了好处,也指坏事可以变成好事。

战国时期有一位老人,名叫塞翁。他养了许多马,一天马群中忽然有一匹走失了。邻居们听到这事,都来安慰他不必太着急,年龄大了,多注意身体。塞翁见有人劝慰,笑笑说:"丢了一匹马损失不大,没准还会带来福气。"

邻居听了塞翁的话,心里觉得好笑。马丢了,明明是件坏事,他却认为也许是好事,显然是自我安慰而已。可是过了没几天,丢的马不仅自动回家,还带回一匹骏马。

邻居听说马自己回来了,非常佩服塞翁的预见,向塞翁道贺说:"还是您老有远见,马不仅没有丢,还带回一匹好马,真是福气呀。"

塞翁听了邻人的祝贺,反倒一点高兴的样子都没有,忧虑地说:"白白得了一匹好马,不一定是什么福气,也许惹出什么麻烦来。"

邻居们以为他故作姿态纯属老年人的狡猾,心里明明高兴,有意不说出来。塞翁有个独生子,非常喜欢骑马。他发现带回来的那匹马顾盼生姿,身长蹄大,嘶鸣嘹亮,膘悍神骏,一看就知道是匹好马。他每天都骑马出游,心中洋洋得意。

一天,他高兴得有些过火,打马飞奔,一个趔趄,从马背上跌下来,摔断了腿。邻居听说,纷纷来慰问。

塞翁说:"没什么,腿摔断了却保住性命,或许是福气呢。"邻居们觉得他又在胡言乱语。他们想不出,摔断腿会带来什么福气。

不久,匈奴兵大举入侵,青年人被征入伍,塞翁的儿子因为摔断了腿,不能去当兵。入伍的青年都战死了,唯有塞翁的儿子保全了性命。

秦琼卖马

秦琼卖马　剪纸　陕西

隋朝末年,在济南府当差的山东豪杰秦琼受命来潞州办事,不幸染病于店中,所带盘费俱已耗尽。无奈之中,他牵着心爱的坐骑黄骠马到西门外的二贤庄去卖。

秦琼将黄骠马拴在庄南大槐树下。二贤庄庄主单雄信听说有人卖马,便去相马。秦琼早在山东就听说单雄信是一条好汉,只是眼下穷困潦倒,羞于颜面,难以通报真名实姓。偏偏单雄信听说卖马人是济南来的,便请他到府上吃茶,还顺便打听仰慕已久的山东好汉秦琼。秦琼谎称"员外打听的人正是小弟同衙好友。"雄信闻知他与秦琼是朋友,随即修书一封托交秦琼,并付了马价纹银三十两,外加程仪三两不在马价数内,还取潞绸两匹相赠。

单雄信又在潞州酒楼上邂逅了另一条好汉王伯当。王伯当告知了实情,单雄信便到处寻找秦琼。后来两位英雄终得相识,单雄信盛情款待,让秦琼在二贤庄精心养病八个月。离别时单雄信为其黄骠马配上了金镫银鞍,并以潞绸、重金相赠,从此二人结下莫逆之交。随后二人在推翻隋王朝的农民起义中同仇敌忾,为起义军创造了不可磨灭的业绩。唐朝兴起后,秦琼终身保唐,单雄信则抗唐到底。尽管单、秦二人后来分道扬镳,但患难中结下的兄弟情谊始终如故。《说唐》中的"秦琼建祠报雄信",说的就是秦琼闻得擒了雄信,飞马来救。走到跟前,头已落地。秦琼抱住雄信的头,跪在地上,悲痛欲绝。后将雄信夫妻合葬在洛阳南门外,起造一所祠堂,名为"报恩祠",以报潞州知遇之恩。

老马识途

公元前663年,齐桓公应燕国的要求,出兵攻打入侵燕国的山戎,相国管仲和大夫隰朋随同前往。齐军是春天出征的,到凯旋而归时已是冬天,草木变了样。大军在崇山峻岭的一个山谷里转来转去，最后迷了路，再也找不到归路。虽然派出多批探子去探路，但仍然弄不清楚该从哪里走出山谷。时间一长，军队的给养发生困难。情况非常危急，再不找到出路，大军就会困死在这里。管仲思索了好久，有了一个设想：既然狗离家很远也能寻回家去，那么军中的老马，也会有认识路途的本领。于是他对齐桓公说："大王，我认为老马有认路的本领，可以利用它在前面领路，带引大军出山谷。"齐桓公同意试试看。管仲立即挑出几匹老马，解开缰绳，让它们在大军的最前面自由行走。也真奇怪，这些老马都毫不犹豫地朝一个方向行进。大军就紧跟着它们东走西走，最后终于走出山谷，找到了回齐国的大路。

九方皋相马

春秋战国时秦国国君穆公召见著名的相马

九方皋　中国画　现代　徐悲鸿作

能手伯乐说："你年岁已高，在你后辈中有谁能继承你的绝艺呢？"他向穆公推荐了自己的朋友九方皋。

秦穆公接见了九方皋，派他去寻找好马。过了三个月，九方皋回来报告说："我已经在沙丘找到好马了。"秦穆公问道："是匹什么样的马呢？"九方皋回答说"是匹黄色的母马。"秦穆公派人去把那匹马牵来，一看，却是匹纯黑色的公马。秦穆公很不高兴，把伯乐找来对他说："您所推荐的那个找好马的人，连毛色和公母都不知道，他怎么能懂得什么是好马，什么不是好马呢？"

伯乐说："这正是他胜过我千万倍乃至无数倍的地方！九方皋只看见所需要看见的，看不见他所不需要看见的，只视察他所需要视察的，而遗漏了他所不需要观察的。"

秦穆公命人试马，果然是罕见的千里马。

按图索骥

按图索骥的典故，出自东汉班固《汉书·梅福传》，后引用为成语。释义为"按照画像去寻求好马。比喻墨守成规办事，也比喻按照线索去寻求"。寓意为：在学习和工作中，不能死背教条，生搬硬套，否则会闹出笑话，招致损失；应当在实践中验证前人流传下来的书本知识并加以发展，才是正确的态度。

1.春秋时期，秦国一位名叫伯乐的人善于鉴别马匹。他把怎样相马的知识和经验写成了一本书，叫《相马经》。

2.他的儿子熟读了这本书，以为学到了父亲的本领，便拿着《相马经》，对照书本到处去寻找良马。

3. 一天,伯乐的儿子来到小河边。他见到一只癞蛤蟆,前额刚好与《相马经》上良马的特征相符,便以为找到了一匹千里马。

4. 儿子非常高兴地跑回家去告诉父亲。伯乐知道儿子愚笨,便戏谑地对儿子说:"儿啊,这匹马太会跳,不好骑啊!"

千金买骨

公元前314年,燕国发生了内乱,临近的齐国乘机出兵,侵占了燕国的部分领土。

燕昭王当了国君以后,他消除了内乱,决心招纳天下有才能的人,振兴燕国,夺回失去的土地。虽然燕昭王有这样的号召,但并没有多少人投奔他。于是,燕昭王就去向一个叫郭隗的人请教,怎样才能得到贤良的人。

郭隗给燕昭王讲了一个故事说:从前有一位国君,愿意用千金买一匹千里马。可是三年过去了,千里马也没有买到。这位国君手下有一位不出名的人,自告奋勇请求去买千里马,国君同意了。这个人用了三个月的时间,打听到某处人家有一匹良马。可是,等他赶到这一家时,马已经死了。于是,他就用五百金买了马的骨头,回去献给国君。国君看用很贵的价钱买的马骨头,很不高兴。买马骨的人却说,我这样做,是为了让天下人都知道,大王您是真心实意地想出高价钱买马,并不是欺骗别人。果然,不到一年时间,就有人送来了三匹千里马。

郭隗讲完上面的故事,又对燕昭王说:"大王要是真心想得人才,也要像买千里马的国君那样,让天下人知道你是真心求贤。您可以先从我开始,人们看到像我这样的人都能得到重用,比我更有才能的人就会来投奔您。"燕昭王认为有理,就拜郭隗为师,还给他优厚的俸禄,并让他修筑了"黄金台",作为招纳天下贤士人才的地方。消息传出去不久,就有一些有才干的名人贤士纷纷前来,表示愿意帮助燕昭王治理国家。经过二十多年的努力,燕国终于强盛起来,终于打败了齐国,夺回了被占领的土地。

现在,河北易县和定兴交界处,有一个金台陈村。据说这个村就是当年燕昭王修筑黄金台的地方。

马的故事

马的世界

马科哺乳动物。最早的马祖先化石在美国密西西比河域始新世地层中发现，五趾（其中一趾退化），被称为始祖马。其后裔体形渐大，形态亦有变化，仅用一趾站立，趾外包蹄（有保护作用）。马最先出现于中亚，称普尔热瓦尔斯基氏马，后向东、西、东南方向传播。马何时驯化未明，但知晚于狗和牛。马和人有着特殊的关系，是人的伙伴和朋友，可以为人们的农耕、运输、游猎、畜牧、战争、探险、娱乐、运动等活动服务。其肉可食用，骨可制胶，皮可制革，马鬃可用于褥垫、衣服衬里，优质的白色马鬃用作小提琴的琴弦，马粪可用来培养蘑菇，过去被用作燃料。蒙古人和阿拉伯人用马奶作饮料。破伤风抗毒素是用注射过破伤风类毒素的马的血清制成的。

全世界马的品种约有二百多个，中国有三十多个。著名的品种有：蒙古马，是中国北方主要的地方品种，数量多，分布广，约占全国总马数的三分之一以上；夏尔马，是体型最大的一种，用来拉货车或人坐的马车；阿拉伯马，是原产于阿拉伯的马，体格雄健，性情温顺，几乎所有的骑乘用马都和这种马有血缘关系；伊犁马，产于中国新疆的伊犁哈萨克自治州，伊犁马的母本为哈萨克马，经过七十多年的培育后，成为体形大、工作能力强、遗传性稳定的新品种。

欧洲野马 Tarpan

中世纪成小群活动于欧洲中部偏远地区的野生马类，20世纪初绝种。可能最后仅存的欧洲野马已与家马杂交而使该种消失。慕尼黑动物园曾用谱系中有欧洲野马血统的家马经选配而育成与欧洲野马相似的后裔。这种后裔在欧美的动物园中均有展出。其体小，暗棕色，鬃毛及尾平滑。

白化马 Albino

皮肤粉红、被毛纯白的马。有些皮色的马成年后才显示其特征性的毛色，但白化马出生时即为白色，且终生不变。白化马属骑乘马。其眼睛不是粉红色，而是蓝色或浅棕色，所以从生物学上说并非真正患有白化病。白化马在美国内布拉斯加州白色马场培养，注册于美国白化马俱乐部。

小型马 Pony

背高不及142厘米的马。最常见者如下：设得兰小型马驯良耐劳，适于用作驮兽及儿童的坐骑；威尔士小型马强壮耐劳，体态优美；

威尔士矮脚马以高步动作著称；埃克斯穆尔小型马及达特穆尔马原产于英格兰的索默塞特、德文和康沃尔等郡，

今用于繁殖打马球用的小型马；高地小型马粗壮，呈灰色，供骑乘用。

设得兰小型马　Shetland pony

一种小型马，普遍用于儿童玩耍及骑坐。原产苏格兰的设得兰群岛。能适应该处恶劣的气候及贫乏的食物。初用作驮马，1850年前后引入美国，被培育成适于儿童骑乘的体形更优美的品种。除某些因遗传变异而形成的侏儒小型马外，设得兰小型马是马中最矮小者。平均身高102厘米，最高117厘米。体色及斑点颜色多样。寿命长，容易饲养。只要训练得法便表现得性情温和驯服。美国设得兰小型马俱乐部于1888年成立。

美国矮种马　American pony

一种儿童骑的矮种马，20世纪50年代在美国由多种矮种马与阿帕卢萨马杂交培育而来。矮种马必须有阿帕鲁萨马型斑纹，且成马体高要在117—137厘米，才有在

美洲矮种马俱乐部注册的资格。

达特穆尔马　Dartmoor

一种小型马。体高约122厘米。性耐劳。在育成地英格兰得文郡的达特穆尔仍维持半野生状态。是不列颠群岛育成的九个马品种之一，用

以出口。达特穆尔马被视为优秀的供儿童乘骑的小型马，也是培育体型较大的小型马的优良基础种马。从一开始其体型及颜色即多种多样。根据达特穆尔小型马协会的规定，本品种需符合一套标准，最受欢迎的颜色为褐色、黑色和栗色。

柏布马　Berder

亦称柏柏里马。原产北非柏柏里诸国的一

个马品种。与阿拉伯马有关，可能是其旁系，但体形较大，尾的位置较低，有距毛。毛色常为栗色或棕色。以速度及耐力著称，同于阿拉伯马。美国培育出一个变种，称为西班牙柏布马，数量不大。

威尔士小型马　Welsh pony

一种身驱矮小的马，普遍用作儿童或成人的坐骑。在威尔士山区育成。原充煤

矿役马。后引入纯血马及阿拉伯马血统而育成骑乘马。身高约122厘米，体重225公斤。多为黑色。外形优美有神、性温良、聪明、耐劳。1884年引入美国，1906年成立美国威尔士小型马协会。哈克尼小型马即用威尔士小型马母马与哈克尼马公马杂交育成。

哈克尼马　Hackney

一种外形美观的驾车马，今多用于表演，系18世纪由纯血马与一种大型挽马——诺福克走马杂交而育成。肌肉发达、胸宽、体大、颈成弧形。身高147—157厘米，体重约450公斤。多为深色。以其高抬腿动作及轻盈的小跑步法著称。敏感胆小，训练时需小心。1822年引入美国。1891年成立美国哈克尼马协会。

哈克尼小型马　Hackney pony

一种体力强的小型马，由哈克尼马与威尔士小型马杂交育成，几乎全用于表演。

形态及高抬腿动作似哈克尼马。身高117—145厘米。在英国及美国均与哈克尼马登记在同一本血统登记簿上。

阿拉伯马　Arabian horse

最早的改良马品种。快速、力强、体形美、聪明、温训而受人珍爱。公元前400年首次提到阿拉伯马。传说阿拉伯马是由信徒送给穆罕默德的五匹马繁育而成的，但在此以前阿拉伯

人肯定已经养马。许多现代轻型马的优良品种均可溯源到阿拉伯马。阿拉伯马身材较小而坚实。头小，眼突出，鼻孔宽大，肩隆明显，背短。通常只有23节脊椎骨（其他品种多为24节），腿强、蹄小。体毛、尾毛、鬃毛纤细，带丝绸光泽。毛色多样，以灰色为主。身高约152厘米，体重约360—450公斤。最著名的种马场在沙特阿拉伯的内志。但现在美国也育成许多优良的阿拉伯马品种。美国阿拉伯马登记于1908年成立，后易名。

美国花马　Pinto

一个具斑点的马品种。亦称彩色马、杂色马、花斑马、花马、斑点马、两色马。美国西部的印第安小型马多为花马。一般认为质量不高，所以各纯种马的协会常拒绝给花斑马注册。但颜色不能决定马的类型，已培育出许多优良的花马品种。美国花马协会于1956年成立。

美国骑乘马　American saddle horse

一种身体健壮、步法轻盈、姿态美观的骑乘马。平均高度152—163厘米，平均重量450—540公斤，特征为背部短而强健，躯体较多数轻型马为圆。颈细长，呈弓形，

肩部形状优美，肩颈之间无截然分界。臀部长，几乎为水平位。毛色各异，多为纯色，可带少量斑点。展出时配以平鞍，表演3种或4种步法。又用于娱乐、驾车、狩猎。经训练能跨越障碍物。谱系中包含纯血马、摩尔根马、标准种、阿拉伯马等血统。1891年被承认为独立品种，同年成立美国骑乘马育种者协会。

高约145—155厘米，重400—500公斤。风度翩翩，惹人喜爱，线条流畅，耳小，眼富表情，鬃毛美观。摩尔根马可供多种用途。摩尔根马俱乐部成立于1909年，后改为美国摩尔根马协会。

纯血马　Thoroughbred

在英格兰育成的一种马，用于赛马或障碍赛马。其渊源可追溯到3世纪阿拉伯马及巴布马引入英国之时。18世纪后纯血马引入许多国家，用于赛马或用以改良当地品种。纯血马头形优美，身躯修长，胸阔，背短。腿骨短，脚步轻快，步幅长。性敏感，易激怒。身高平均163厘米，体重平均450公斤。通常为栗色、红棕色、棕色、黑色或灰色。速度快、耐劳。曾与许多品种杂交，又用以改良其他品种。"纯血马"一词有时用来误指一般的纯系马，其实该词专用为本品种的名称。该品种在英国赛马骑师俱乐部（约成立于1750年）的马血统纪录总簿，或其他国家的类似俱乐部的血统记录簿上注册。父母双方中仅一方为纯血马的马匹在美国称为杂交纯血马。在英国称为混血纯血马。依其训练方式不同可充作猎马、种马、骑乘用马，矮小者可用于马球赛。

摩尔根马　Morgan

马品种，曾是美国最著名、分布最广的品种。后来不受欢迎，一段时期内其育种置于政府监督之下。本品种以一匹与主人同名的马贾斯廷·摩尔根为基础而育成。现代的摩尔根马

阿帕卢萨马　Appaloosa

美国常见的马品种，因爱达荷州及华盛顿州的帕卢斯河而名。本品种呈习见的数种毛色。可为纯色，仅于臀部有一白斑，上

有与体毛同色的多数小圆点；或全身散布小白点；亦可为白色、上缀色点。身高152—160厘米，体重450—500公斤。体轻而强健，可供多种用途。阿帕卢萨马俱乐部于1938年组成。

田纳西走马　Tennessee walking horse

亦称种植园走马。马的一个品种，以田纳西州及其特殊步态——连续走步而得名。体重、力强、体形及风度均不如美国骑乘马。头常低垂。与其他骑乘用马相比，臀部稍倾

斜，跗关节较弯曲。高约157厘米，体重约450公斤。性安详，可能因此而寿命较长。皮毛黑色、栗色、深红棕色、棕色、灰色、黄色、纯白色或红棕色夹杂白色。能胜任多种用途。

1935年被承认为独立的品种，今有田纳西走马育种者及展出者协会。

比利时马 Belgian horse

一种身材硕大的挽马，其祖先为佛莱芒"大马"——中世纪原产低地国家的战马。比利时马品种古老，1880年后改良甚多。1866年引入美国，为人所爱养，但不及泼雪龙受欢迎。性训顺，有耐心。身躯硕大，肌肉发达，腿短。身高163—173厘米，体重820—1000公斤。佛莱芒马体毛黑色，但比利时马多为深红棕色、栗色、浅红棕色或红棕色夹杂白色。美国比利时挽马公司的前身组织于1887年成立。

克莱兹代尔马 Clydesdale

一种重型挽马，在苏格兰克莱德河流域的拉纳克郡育成。1975年人们将当地母马与佛莱芒公马杂交以改良品种。后又入中部大挽马的血统。1842年引入美国，但未普遍。高173—183厘米，体重900公斤。毛色多为栗色、深棕色或黑色，带明显的白斑。走或小跑时有高抬腿动作。腿有细长的丛毛，头形美观，腿脚外形美。大不列颠及爱尔兰克莱兹代尔马学会于1877年成立。美国克莱兹代尔马协会于1879年成立，后改为美国克莱兹代尔马育种者协会。

克利夫兰栗色马 Cleveland Bay

轻型挽马品种。在英格兰约克郡克利夫兰用公纯血马及当地品种母马（可能是拉货车的马）杂交育成。体格强健，容易训练，高约163—168厘米，体重635—680公斤。多为栗色，腿、鬃毛、尾黑色。美国有克利夫兰栗色马学会。

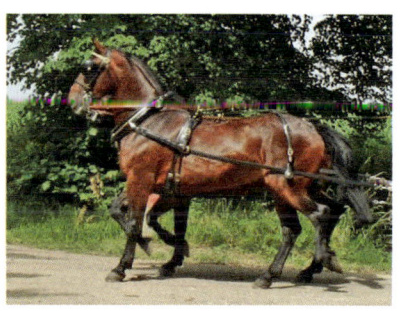

中部大挽马 Shire

原产英格兰中部诸郡的挽马，由能驮动全身披挂、重达400磅的英格兰"大马"繁育而成。18世纪后半期将英格兰公马与原产荷兰的

母马杂交，育成适于拉车及农耕的品种。1853年该品种引入美国，但始终未普及，主要用作种畜以改良矮小的农耕役马。公马高约173厘米，体重可达900公斤。外观一般结实，稍嫌粗笨。特征为腿上有丛毛。多为栗色、棕色、黑色、灰色或红棕色。1878年英格兰中部大挽马协会成立。1885年美国中部大挽马协会成立。

冰岛马 Icelandic Horse

冰岛马是世上保持最纯洁血统的马种，而且天生比世界上任何地区的马都多会一种步法。冰岛马聪明友善，体型虽小却力量惊人，适用于各种竞赛项目。在旧时的挪威神话中，众神的坐骑是有着8条腿、一步千里的冰岛马。

以至于现在冰岛的多数俱乐部会标都采用了这种马的形象。全世界

大约有 10 万匹冰岛马，大多数在欧洲，美国加拿大也有分布。德国的冰岛马数量最大，有 5 万匹，相关的骑术俱乐部及协会也十分活跃。在冰岛人们骑着冰岛马旅游，享受大自然的宁静与原始。他们骑马爬山，穿过草地，跨越河流。骑乘也成为冰岛的主要经济来源。

阿尔登马　Ardennes

马的重挽型品种。原产比利时与法国交界处的阿尔登山区。比利时的重挽马原有大小两型：大型为布拉邦逊马，小型即阿尔登

马。后以阿尔登马与布拉邦逊马杂交，其后代统称比利时重挽马。19 世纪中期，俄国引入大批阿尔登马，与当地马杂交，至 1952 年育成俄罗斯重挽马。

阿尔登马具有适应性强、早熟、性情温驯、挽曳性能好、不苛求饲养管理条件等优点。体格不太大，四肢粗壮，被毛多为栗、骝色。大型母马平均体高 154 厘米，体长 164 厘米。2 岁公马最大挽力为 314 公斤，载重 700 公斤。遗传性稳定，用以改良地方马种效果良好。中国于 1949 年后培育的东北挽马、关中马和渤海马等新品种，都引用过该品种的血液。

阿克哈·塔克马　Akhal-Teke

该马是唯一保留古老的土库曼马纯正血统的后裔。阿克哈·塔克马有长而精致的头，轮廓分明，很有贵族气派，常常有一个大而平的前额。眼睛大且富有

表情，有时呈杏仁状。耳朵的位置比较开，狭长、高耸，对周围的声音与动作很警觉，机警地转动着。鼻梁很直，鼻孔很引人注目。有许多种颜色，通常为骝色、灰色、栗色、淡褐色、淡黄色，黑色也有。而被认为最有价值的颜色是像蜂蜜般的金黄褐色，有金属的光泽，非常罕见。在 1981 年的血统登记簿上纪录的身高平均约 157 厘米。现代的阿克哈·塔克马在育种之后可分为三种类型：第一种是最典型的类型，非常接近以上的描述；第二种比较小，有比较好的速度，看起来比较趋近于纯血马；第三种比较粗重，有很好的耐力。

汉诺威马　Hanoverian

三百年前的汉诺威马主要是用在军事用途与拉四轮大马车，

现在是专门用在障碍超越、马场马术、三日越野赛与马车竞赛等马术比赛的温血马，可说是目前世界上最受欢迎的比赛用马，在世界各国的障碍超越与马场马术代表队里都可看到。汉诺威马的腿特别好，能表现出长且有弹性的步幅，这也是它出名的特点。脚很大、轮廓清晰，上肢较长、下肢较短，形成坚固的脚。毛色多半是一致的金黄骝色，脸上与脚上会有白色标志。身高通常介于 154 厘米到 173 厘米之间，平均在 163 厘米左右。

美国夸特马 American Quarter Horse

简称夸特马，或译成"四分之一英里马"。夸特马是美国的马种，以擅长短距离冲刺而著称。由于在1/4英里或更短的距离赛马中，它能远远地超过其他马种而得名。据报道，个别夸特马的速度能达到55英里/小时。

夸特马是当今美国最流行的马种，美国夸特马协会是世界上最大的马种登记组织。美国夸特马不但以赛马闻名，而且以西部牛仔运动马、马展、役用牧牛马而闻名。夸特马紧凑的体躯非常适合于绕圈、截牛、牧牛马、绕桶赛、套牛犊及其他的西部骑乘赛事，特别是涉及到活牛的项目。夸特马也适于英式项目，驾车和许多其他马术活动。

荷兰温血马 Dutch Warmblood (KWPN)

自古以来荷兰的农夫靠马生活，很早就建立了严格的培育马的方法从而造就了今天的荷兰温血马。工业革命之后的机械化，

使得马的用途转为休闲骑乘与运动。荷兰在1958年才开始有血统登记簿，然而现在已成为世界上最成功、最流行、最受欢迎的马术竞赛与骑乘用马。荷兰温血马可说是20世纪的新产品，有别于以前就有的温血马，它是专门为了马术竞赛用而培育出来的温血马。虽然这是荷兰人所创造的品种，但其实应该算是一个欧洲品种，因为除了荷兰之外，还有英国、西班牙、法国和德国的血统。

特雷克纳马 Trakehner

俗称东普鲁士马。特雷克纳马是非常高大的马，通常有160—170厘米高，具有高大的体型与骨架，但却展现更胜于其他欧洲温血马的高雅气质。

它是华丽的表演用马，天生的优雅与平衡使它在做马场马术动作时能表现出轻盈的弹性，做出像飘浮的快步。它有力的后躯、强壮的肌肉与关节，使它在障碍超越上也表现优异。毛色有棕色、骝色、栗色与黑色，白色很少见，没有花色或混色。

奥登堡马 Oldenburg

原产地为德国。有一个具有很大骨架的大马。有着凸起的鼻梁和引人注目的鼻子。它是一种重量级的猎马，却有着纯血马

的内涵。其实它也不见得比其他温血马更强壮或吃苦耐劳，但它的力气、早熟、长寿、高大、长而活泼的步伐等特质，使得它一直都很受欢迎。

霍士丹马 Holsteiner

霍士丹马产自德国东北部，以地区名字命名马种几乎是所有德国马的共性，霍士丹马也不例外。当地育马人将霍士丹马的最初育种方向确定为挽用马，由于当地母马条件优越，很快就培育出一种优秀的挽马来，用于耕种土地和拉运货物。霍士丹马每年近三万匹马被登记

注册，种公马的选择对于身材、结构、步法和动作（跳跃和马场马术）都有严格的要求。

河曲马　Hequ horse

河曲马亦称乔科马，原产中国甘肃、青海、四川三省交界处，黄河上游第一河曲处，故名。与内蒙古三河马、新疆伊犁马被誉为中国三大名马。河曲马史称"南番马"。据史料记载，这种马已有1300多年的历史，1954年由西北军政委员会正式定名为"河曲马"。河曲马在我国战争史上战功赫赫。汉朝时，朝廷为改良中原地区的马种，曾引西域的优良马种汗血马放牧于青海一带。这些马的后代为汉朝征讨匈奴立下"汗马功劳"。

三河马　Sanhe horse

中国三大名马之一，是俄罗斯后贝加尔马、蒙古马及英国纯种马等杂交改良而成的，至今已有上百年的驯养历史，

主产于内蒙古呼伦贝尔三河地区，因此得名。三河马外貌清秀，体质结实，动作灵敏，具有奔跑速度快、挽力大、持久力强等特点，是优良的乘挽兼用型马。

伊犁马　Lli horses

伊犁马是中国优良的马种，是宝贵的畜牧资源。伊犁马性情温顺，禀性灵敏，擅长跳跃，宜于山路乘驮及平原役用。在126

千米的长途竞赛中，负重80千克，7小时12分钟就可到达。是优秀的轻型乘用马。伊犁马平均体高144—148厘米，体重400—450公斤。它体格高大，结构匀称，头部小巧而伶俐，眼大睁明，头颈高昂，四肢强健。当它颈项高举时，有悍威，加之毛色光泽漂亮，外貌更为骏美秀丽。毛色以骝毛、粟毛及黑毛为主，四肢和额部常有被称作"白章"的白色斑块。

蒙古马　Mongolian horse

蒙古马是中国乃至全世界较为古老的马种之一，主要产于内蒙古草原，是典型的草原马种。蒙古马体格不大，平均体高

120—135厘米，体重267—370公斤。身躯粗壮，四肢坚实有力，体质粗糙结实，头大额宽，胸廓深长，腿短，关节、肌腱发达。被毛浓密，毛色复杂。它耐劳，不畏寒冷，能够在艰苦恶劣的条件下生存。经过调驯的蒙古马，勇猛无比，历来是一种良好的军马。

马景名胜

洛阳白马寺

白马寺位于洛阳城东10公里处，是佛教传入中国后于东汉明帝永平七年（64年）兴建的第一座寺院，因此白马寺是中国佛教的发源地，距今已有1900多年的历史。1961年国务院公布白马寺为全国重点文物保护单位之一。

据传，东汉永平十年（67年）年间的一天夜里，汉明帝做了一个梦，梦见一个高大魁梧、浑身闪闪发光的金人，在宫里飞旋。第二天，汉明帝召来大臣们为他圆梦，一个大臣说："我听说西方有一种叫佛的神，陛下梦见的金人，一定是佛。"汉明帝是个非常迷信的人，于是，他便派人前往天竺国（今印度）去取佛经。大臣蔡愔、秦景等18人，长途跋涉，历尽千辛万苦来到了天竺国，又邀请摄摩腾和竺法兰两位天竺高僧一同回国传佛。他们带回了佛经原本——梵文贝叶经，并在白马寺清凉台上译出最早的汉文佛经——《四十二章经》以及其他佛学著作。为了存放这些佛经和宣扬佛教，汉明帝下令仿照天竺国的佛寺的样子，建造东汉的佛寺。因为佛经是用两匹纯白的马驮回来的，寺院建成后，起名为"白马寺"。

今日的白马寺掩映在一片丛林之中。寺内现存建筑有天王殿、大雄宝殿、千佛殿、毗卢阁、钟楼、鼓楼等。山门外有两匹石马，是后人把其他宋墓前的石马移来附会"白马驮经"之意。寺内钟鼓楼之北有天竺僧人摄摩腾、竺法兰的两个墓冢。

齐云塔位于白马寺外，高约24米，共十三层，五代时期所建，重修于金大定十五年（1175年）。塔形美观，是中国一座著名的古代建筑。

徐州戏马台

位于市内户部山上。楚项羽因山为台，以观戏马，故名。公元前206年，项羽自咸阳东还，自称西楚霸王，建都彭

城。这个一马平川中突起的山岗，形成了天然的检阅台。传说项羽常在这里观赏士卒赛马。现在山上还有项羽的石系马桩和明代人立的"戏马台"碑。这里是人们凭吊怀古的理想地方。明方孝孺《咏戏马台》曰：

盖世英雄酒一杯，
悲歌只使后人哀，
生平费尽屠龙技，
今日空留戏马台。

台头寺位于戏马台东侧，始建于南朝宋（420年—479年），距今已有1500多年。宋帝刘裕北伐至彭城时，曾在台上宴会他的将佐百僚。他念念不忘彭城是他的"桑梓之邦"，

在台上创建了台头寺,后被改为三义庙。

淄博殉马坑

位于淄博市临淄区河崖头村西,环绕于一座石墩大墓周围。1964年和1972年先后发掘84米,清理殉马228匹,

分两行并列。按马坑长度推算,全部殉马约600匹,数量之多为国内罕见。据《左传·鲁襄公二十五年》(前548年)中"崔氏侧庄公于北部"的记载,这里当是春秋齐国国君的墓地。规模宏大的殉马坑,说明了齐国统治阶级的奢侈,同时也从另一个侧面反映了当时齐国国力的强盛。

中国古车博物馆

位于淄博市临淄区齐陵后李官庄村附近,是一座全国罕见的春秋时期的大型车马坑。车马坑全长30米,宽4米,深3米,出土战车

10辆、战马32匹。分别为二马一车或四马一车。马骨保存完好,战车上载有刀、枪、戈等青铜兵器。木质战车虽已腐烂,但土坯模型清晰可辨。战车长为3米,宽约2米。这批战车马的出土,对研究古代齐国具有较高的价值。

1994年在此建成了中国首家古车博物馆,包括春秋殉车马展厅和中国古车陈列展厅两部分。后李春秋殉车马,规模之大、配套之齐全、马饰之精美,为当代全国之冠,列全国十大考古发现之一。博物馆内容集中国古车研究成果之大成,充分展示了我国车乘的悠久历史和造车技术在世界车辆发展史上的领先地位。

福建马尾

马尾,又称马江,位于福州市东南约20公里处,市镇居民4万多人。福州到马尾每天都有火车、汽车、轮船往返,

交通很方便。马尾地形险要,扼守闽江下游,成为福州港外水陆交通的门户。关于马尾的名称,据当地群众称,附近马限村有块石头,形如马,头向罗星塔,尾向马尾,故名。

洛阳周王城天子驾六博物馆

洛阳周王城天子驾六博物馆位于洛阳市中心的东周王城广场,东周王城遗

址区的东北部,是一座以原址保护展示的东周时期大型车马坑为主体,辅展以东周王城概况、近年来王陵考古的新发现及部分东周时期珍贵文物的"王城"、"王陵"、"王器"专题博物馆。

整个博物馆占地1700多平方米,分为两个展区。第一展区分四个板块:一是洛阳地区五大都城与当代洛阳相互位置关系的图版;二是东周王城概况;三是王陵的探索与发现;四是珍贵的东周文物。

第二展区为东周时期大型车马坑展区。这里展示的是2002—2003年,考古工作者发掘清理的17座车马坑(马坑)中的2座。其车

马呈纵向两列的排放，宛如出行阵列的场面。最令世人瞩目的是唯一一辆"驾六"的发现，以直观清晰的形式印证了古文献中"天子驾六"的记述，这也是世界上唯一一处原址展示的"天子驾六"。

沙洲城白马塔

沙洲城遗址（即敦煌故城）在敦煌西约半公里处，现在仅存一个土堆，约16米高。据载，故城建于汉武帝元鼎六年（前111年），当时称敦煌郡，是汉武帝所列四郡之一。城垣呈长方形，东西宽718米，南北长1132米。这里曾是古代"丝绸之路"的重镇之一。从内地到西域各国，至此分南北两路。南出阳关，北经玉门关均可直达西域。

白马塔就在沙洲故城东南角不远处。白马塔为后秦（384—417年）所建。相传早期到中国来传播佛教的印度高僧鸠摩罗什东度葱岭，路经敦煌城，所乘白马病死，遂建泥塔埋葬，取名白马塔。

传说鸠摩罗什行至敦煌时，夜梦他所乘的白马托梦说，白马本是上界天骝龙驹，受佛主之命，特送他东行。现已进阳关大道，马将超脱生死之地，到葫芦河将另有乘骑。次日醒来，果然白马已死去。当地佛教信徒遂葬白马于城下，修塔以纪念。

塔为9层，高约12米，最低一层为八角形。据载，清道光、民国年间曾有修葺。但经历1500多年，主要还是由于这里很少下雨，气候干燥，才使这座泥塔得已保存，成为敦煌的又一奇迹。

广唐寺白马塔

白马塔坐落在河南省延津县西北石婆固乡塔铺村广唐寺内。始建年月无考，据其建筑结构与风格判断，不早于宋代。据当地群众传说，因黄河泛滥时见一白马跃出水面，故于广唐寺修塔以镇水患。但该塔修至八层时，因水患停工，所以塔顶至今未封。

白马塔亦为六角形阁楼式砖塔，其外部轮廓，因三层以上逐层明显收缩，故稍呈抛物线型。各层飞檐均用青砖雕花叠砌成，上面为花檐，下面砖雕斗栱及仿椽头，各层高度不一。第二层最矮，无窗门，其余各层每层有窗门两个。塔高30.06米，底部直径10米，造型古朴。塔内有斜形梯道与螺旋梯道交替连接以达塔顶。第六层内有佛龛一个，但佛像早已不存在。

新中国建立后，白马塔先后被市县列为文物保护单位。2006年，被省政府列为省级文物保护单位。

白云观铜特

北京白云观道教全真龙门派的祖庭，是北京最大的道教建筑。占地面积约1万平方米，为全真道"天下第一丛林"。白云观原为唐代所建的天长观，金代叫太极宫。元太祖时，全真道龙门派创始人邱处机住持太极宫。元世祖忽必烈曾召见邱处机（长春真人），封为国师，命其总领道教，将太极宫改为长春宫。邱处机逝世后，其弟子又在长春宫东侧修建了一座下院，名白云观。从此，长春宫就成为北方道教的中心，到了明代正统年间，改名为白云观，

一直沿用至今。

在白云观西院,有一匹酷似骏马的铜兽,走近细看,其造型竟为骡身、驴面、马耳、牛蹄,因此,很多人称它为"四不象"。其实,它的正名叫"特"。传说它是一种神兽,具有奇特的功能,人哪儿不舒服,只要先摸摸自己,然后再摸摸它的相同部位,即可手到病除。

东岳庙铜特、玉马

北京东岳庙是正一派在华北地区最大的庙宇。始建于1319,由玄教大宗师张留孙和其弟子吴全节募资兴建。元至治三年(1323年)完工,赐名东岳仁圣宫,主祀泰山神东岳大帝。清道光年间扩建。20世纪90年代,朝阳区出资2000万元对东岳庙进行了修缮。庙内以神像、石碑、楹联众多而享誉海内外,今正院已修葺一新,辟为北京民俗博物馆。

相传铜特是文昌帝坐骑。是一种叫做"特"的神兽,形为马头、骡身、驴尾、牛蹄,是人类创造出的食草类偶蹄目动物。又传康熙皇帝巡幸江南时骑过它。民间传说抚摸

它能愈人治病,非常灵验。玉马相传也是文昌帝君坐骑。原由白瓷烧制光洁如玉,人称"玉马"。康熙皇帝南巡,此马侍帝有功,又称"御马"。传说抚摸玉马能保出入平安,心想事成,马到成功。

丰镐遗址车马坑陈列馆

丰镐遗址车马坑陈列馆位于陕西省西安市长安区马王镇沣京中路10号,其前身为1981年成立的西安市丰镐遗址保管所,现隶属于西安市长安区文物局。陈列馆外庭院的丰镐遗址,是我国奴隶社会鼎盛时期西周王朝的都城旧址。丰、镐二京是当时全国政治、经济、文化的中心。公元前771年,西周灭亡后,丰镐失去了都城的职能,变成一片废墟。经西汉、东汉等朝代破坏后,大约至唐宋以后,人们已不知丰镐都城所在。

1956年,考古工作者在丰京遗址区张家坡墓地内,共发现西周车马坑7座,现已发掘了4座,并于1972年在遗址上修建了保护厅,对保存最完整的二号车马坑进行了修复展示,共展出两辆车、六匹马、一名殉葬人,展览面积200平方米。1994年又在遗址上修建了丰镐遗址陈列室,通过三十余件展品,重点介绍了西周王朝建立以及衰败历史、遗址发掘与保护成果等具体情况。

沙田马场

沙田马场,位于中国香港新界东部的沙田区,由香港赛马会兴建及管理,是香港的第二个赛马场地,于1978年10月7日落成启用。

沙田马场共有草、泥地赛道共三条，草地跑道全阔30.5米，周长约1900米，容量为85,000人。场地水平世界一流，也是亚洲顶级的赛马场地，被誉为全球最佳的赛马场之一。到香港观光，沙田马场是旅客的必到之处。每年9月至翌年6、7月初马季期间，沙田马场一般逢周三晚上或周末下午举行赛事。置身于热闹喧腾的观众席上，翠色欲流的草地映入眼帘，骏马呼啸而过，带来极速奔驰的刺激快感。

宽窄巷子浮雕拴马石

在四川成都著名的"宽窄巷子文化保护区"，现存有3个拴马石，分别位于宽巷子11号门头旁和窄巷子32号门头的老墙上。拴马石虽然已风化得斑驳，但它仿佛是宽窄巷子乃至成都一块独有的"胎记"，述说着这里在清朝的时候，曾是满蒙八旗及家属的居住地。由于他们保留着在北方草原上骑马的习惯，也因此有了这些拴马石。抚摸着历经百年的拴马石，使人能够想象宽窄巷子富贵门第，当年门庭若市，熙来攘往，车马不息的景象。

高邮孟城驿

驿站，是古代供传递官府文书和军事情报的人或来往官员途中食宿、换马的场所。我国是世界上最早建立组织传递信息的国家之一，邮驿历史长达3000多年。孟城驿在江苏高邮市区南门大街馆驿巷内，始建于明代。原规模宏大，有正厅五间、后厅五间、送礼房五间、库房三间、厨房三间、廊房十四间、马神庙一间、马房二十间、前鼓楼三间、照壁牌楼一座，在驿站的北面还有驿丞宅一所，驿站旁边还有秦邮公馆。驿站的东面有马饮塘。孟城驿在嘉靖三十六年（1557年）时毁于倭火，现在的孟城驿是在元代秦淮驿的基础上发展起来的。

山西晋中榆次县衙马王庙

榆次县衙建筑群西北角的院落是县衙五庙之一的马王庙。马王庙是祭祀马王爷的庙宇所在地。马王庙面阔五间硬山顶，里面正中塑马王爷像，左右配牛王、水草，东为桥神，西为路神。这里同时也是明清时办"马证"的机关，又有相当于现在交通局的功能。檐柱通天挂落二龙戏珠的木浮雕，两边雀替由草龙及博古图案构成，门楣上彩绘有30幅山水花鸟画。

秦皇岛天马山

秦皇岛天马山旅游景区原名"马头涯"位于秦皇岛市抚宁县城北10公里处，因顶峰巨石层叠，险峻挺拔，似云中奔马，故名天马山。海拨293.5米。自然景观秀丽多姿，湖光山色，交相辉映。整个山系高耸险峻，气势雄伟，怪石林立，属旅游、怀古之胜地。

马到成功

"马"的绘画

骏马图　岩画　新疆哈密地区巴里坤哈萨克自治县八墙子村

岩画着重渲染，表现的是马的雄骏与骑者骑艺的高超。三匹马姿态不同，或前蹄腾跃，或静立待发，马体颈及前胸粗壮，后臀浑圆，雄姿英发，威武不凡。八墙子岩画中的骏马图像，表现了古代巴里坤游牧民对这里所产马匹的喜爱及歌颂。

车马图壁画 秦代 陕西省秦都文管会藏

君车出行壁图 东汉 河北省安平逯家庄东汉墓中室北壁

「马」的绘画

漆壶彩绘奔马飞鸟图　秦代　湖北省博物馆藏

漆奁彩绘车骑出行图　西汉　中国国家博物馆藏

夜半逾城　唐代　甘肃敦煌莫高窟第329窟

驯马　北周　甘肃敦煌莫高窟第290窟

「马」的绘画

四骑吏棨戟画像砖　　东汉　　四川省博物院藏

此画像砖着力刻画四名马吏，还用少量的线条勾画人物的衣纹和马具，画面显得细致精巧。马匹富于立体感，生动活泼，姿态各异。

四位轺车画像砖　　东汉　　四川省博物院藏

砖面浮雕四维有盖轺车一乘。车前有两个拜谒者跪迎，右者双手捧笏，左者两手高攀，作惊讶状。轺车上乘坐二人，左为御者，右为吏人。吏人头戴高冠，左手持竹编团扇，右手前伸示意迎谒者。

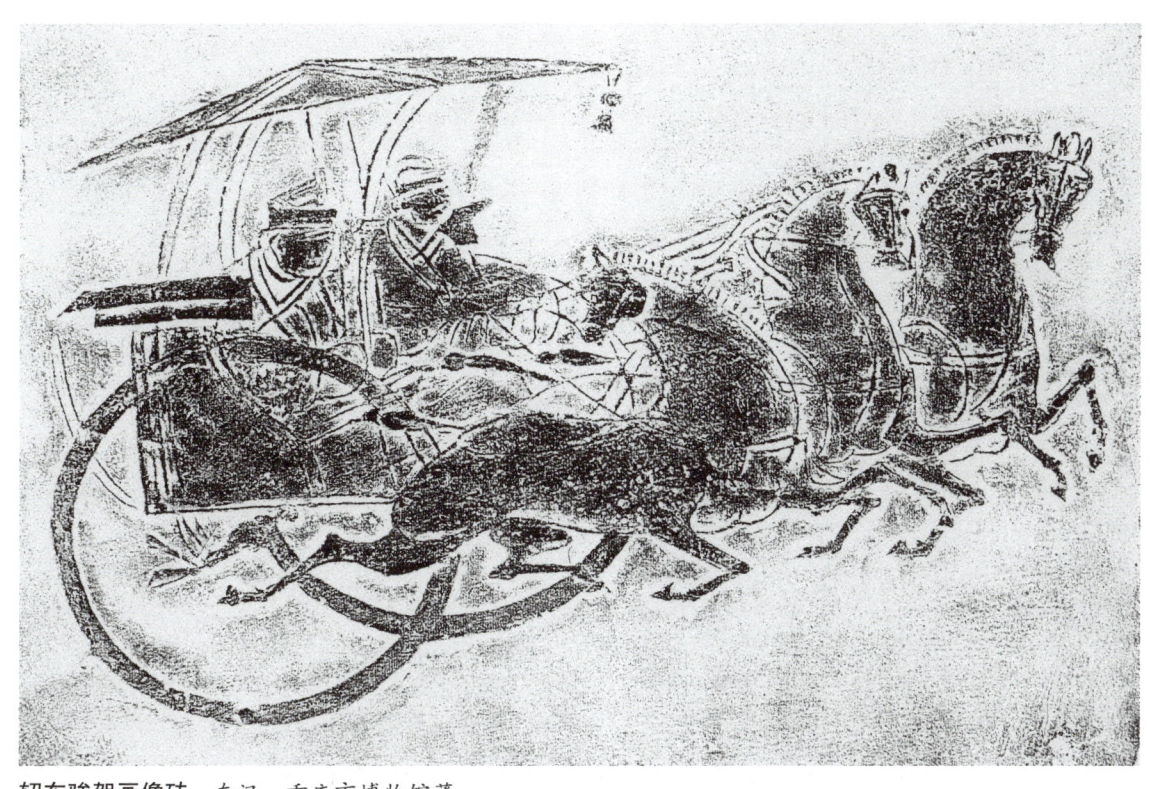

轺车骖驾画像砖　东汉　重庆市博物馆藏

导车画像砖　东汉　四川省博物馆藏

画像砖浮雕一马驾驭的轺车,车上乘坐二人。车前二伍伯执棨戟前驱,是官吏出行的导从之车。此图马匹矫健,姿态优美,人物相互呼应,构成一幅和谐的画面。

牧马图　唐代　韩幹作　台北故宫博物院藏

虢国夫人游春图　唐代　张萱作（宋摹本）　辽宁省博物馆藏

此图再现唐玄宗的宠妃杨玉环的三姊虢国夫人及其眷从盛装出游，人马疏密有度。全画共八人骑马，前三骑与后三骑是侍从、侍女和保姆，中间并行二骑为秦国夫人与虢国夫人。

游骑图 唐代 北京故宫博物院藏

此图描绘一队人马由左向右出行的场面。画中共七人,其中五人骑马,二人步行,有持弓或抱弓的,也有背袋或持长杆的,还有抱马球杖的。人马造型雍容大方,神态各异,自然合度,为唐代画马力作。

照夜白图 唐代 韩幹作 美国大都会博物馆藏

"照夜白"是唐玄宗李隆基的坐骑。图中"照夜白"被系一木桩上,昂首嘶鸣,四蹄腾骧,似欲挣脱缰索。此图用笔简练,线条精细有劲,是流传有序的名迹。

狩猎出行　壁画　唐代　陕西省乾县乾陵章怀太子墓墓道东壁

调马图卷　五代　赵岩作　上海博物馆藏

五马图（之一）　北宋　李公麟作　台北故宫博物院藏

五马图（之三）　北宋　李公麟作　台北故宫博物院藏

《五马图》画宋朝元祐初年天驷监中的西域名马五匹，各有一名奚官或圉人。画无作者款印，前四马后各有黄庭坚签题的马名、产地、年岁、尺寸，卷末又有黄氏总跋，题为李公麟作。因第五匹马后无黄庭坚签题，有人怀疑为后人补入。《五马图》是宋代人画马的杰作。

昭陵六骏图　金代　赵霖作

"马"的绘画

人骑图　元代　赵孟頫作　北京故宫博物院藏

　　此图为作者43岁时所作,代表了他早期人物鞍马画的风格。图中多用铁线描及游丝描绘出,细劲秀润,造型生动自然,体现出浓郁的唐代遗风。

浴马图(局部)　元代　赵孟頫作　北京故宫博物院藏

　　图分入池、洗浴、出池3个细节描绘了奚官浴马的情景。共绘9人14马,人皆唐装,马均丰肥圆厚,神情、姿态皆轻松自如。

元世祖出猎图　元代　刘贯道作　台北故宫博物院藏

「马」的绘画

挟弹游骑图

元代　赵雍作
北京故宫博物院藏

　　画面简疏，一人一骑、二树及坡地。人物戴乌纱帽，着红衣白裤，手执弹弓，骑黑白相间骏马，悠然仰望，似在搜寻猎物。马徐徐向前行走，人物回首张望，猎物静中有动，眉目生动传神。画面双木挺立，枝叶疏秀。图上人马先以淡墨勾线，后施色彩，晕染匀净。树木则用双勾填色，工整精细。全图画风古朴雅致，有唐人笔意。自识"至正七年四月望仲穆画"，钤"仲穆"、"天水图书"二印。元至正七年为1347年。画幅上方有元人乃贤题诗数行。

　　作者赵雍是赵孟頫的次子，生于公元1289年，辛于1360年后，字仲穆，浙江湖州人。官至集贤待制、同知湖州路总管府事。赵雍同他父亲一样，山水、花鸟、人物、鞍马等无所不能，并精鉴赏、能诗文。

"马"的绘画

射猎形　明代　上海图书馆藏

奚官放马图　清代　张穆作　北京故宫博物院藏

八骏图　清代　郎世宁作　北京故宫博物院藏

「马」的绘画

十骏马图

清代　王致诚作

北京故宫博物院藏

王致诚，法国人，乾隆三年（1738年）来华，成为宫廷画家。初时名张纯一，后更名王致诚。与郎世宁一起参与了多幅大型历史画的创作，还曾担任圆明园西洋楼的设计和施工。

王致诚以欧洲的素描画法，使用中国的毛笔在宣纸上作画，效果别具一格。他观察细微，把姿态和毛色各异的十匹马描画得栩栩如生，形神俱足。

奔马图　现代　徐悲鸿作

「马」的绘画

马　现代　刘奎龄作

十二生肖马　现代　范曾作

四马图　现代　杨善深作

芳草　现代　韦江凡作

万里雄风　现代　刘勃舒作

「马」的绘画

高昌　现代　姜伟玲作

"马"的雕塑

秦始皇陵兵马俑　秦代　陕西

「马」的雕塑

铜马（铜车马局部）　秦代

鎏金马　东汉　河南省博物院藏

石刻跃马　西汉　陕西兴平霍去病墓前

鎏金铜马　西汉　陕西茂陵博物馆藏

铜车马　秦代　出土于陕西临潼秦始皇陵西侧

　　秦陵铜车马是目前发现最早、形体巨大、保持完整的铜铸车马，对研究中国古代车马舆制度、雕刻艺术及冶炼技术等具有重要的历史价值。

铜牵马俑　东汉　湖南省博物馆藏

陶马俑　东汉　南京博物院藏

马踏匈奴　西汉　陕西兴平霍去病墓前

陶马　西汉　徐州市博物馆藏

"马"的雕塑

铜马 东汉 河北省保定地区文物管理委员会藏

斧车画像砖　东汉　四川省博物院藏

此画像砖构图简单，只浮雕一疾驰的斧车。此砖上马匹浮雕饱满，配以四条细长的腿，使马匹显得格外矫健。

石棺饮马画像　汉代　四川省　经县严道故城遗址博物馆藏

正中刻一匹矫健的马，拴于树上。左侧一侍马人手提一桶，马正张口，双耳耸立，作观水思饮状。马身后一侍马人正担一副桶行进。

"马"的雕塑

铜奔马　东汉　甘肃省武威县雷台汉墓出土　甘肃省博物馆藏

黑漆木马　汉代

绿釉陶马　汉代

玉奔马　汉

骑俑　西晋

陶马　北魏

白玉卧马　汉

骑马陶俑　西晋

彩绘骑马吹角陶俑　北魏　陕西省历史博物馆藏

陶马　北魏　洛阳市博物馆藏

"马"的雕塑

战马画像砖　南朝　河南省博物院藏

骑马乐俑　北魏　洛阳市博物馆藏

大夏石马
夏　陕西省历史博物馆藏

公元407年，匈奴族酋长赫连勃勃自称大夏，建都统万城（今陕西横山县西），后为魏属国吐谷浑所灭，历25年。该马造型朴实、雄健，简括得体，前足下残留"大夏真兴六年岁在甲子夏五月辛酉"、"大将军"等题记，可能是赫连勃勃长子墓前遗物。大夏国遗物流传至今极为罕见，因此十分珍贵。

舞马衔杯纹皮囊式银壶　唐代　陕西省历史博物馆藏

1970年陕西省西安市南郊何家村出土。此壶用银片捶打而成,舞马形象、提梁及壶盖均鎏金。壶的整体造型与北方游牧民族皮囊壶相似,由此可见唐代汉族与少数民族间交往的频繁。壶腹鎏金,舞马口衔酒杯,后腿弯曲,马尾上扬,彩绸飘舞,正是唐代训练舞马为祝寿、宴饮助兴的真实再现。

礼泉昭陵北司马门六骏石屏"拳毛䯄"　唐贞观十一年（637年）至贞观二十三年（649年）

礼泉昭陵北司马门六骏石屏"飒露紫"　唐贞观十一年（637年）至贞观二十三年（649年）

三彩绞胎骑射俑 唐代 中国国家博物馆藏

绞胎是将两种不同色的泥料混合搅拌，拉坯成型，是首创于唐代的一种新工艺。这件骑射俑除了头、手用本色泥料外，其他部位全都用绞胎做法。马上人物腰佩剑，手做拉弓勾箭状，是唐代胡服骑射的反映。

「马」的雕塑

三彩马　唐代　北京故宫博物院藏

骑马俑　唐代　洛阳市博物馆藏

三彩骑马俑　唐代

三彩马　唐代　北京故宫博物院藏

三彩抱犬骑马俑　唐代　北京故宫博物院藏

白陶马 唐代
陕西省历史博物馆藏

出土于陕西礼泉县张士贵墓。张士贵是初唐时的大将,死后和郑仁泰同样陪葬在李世民的昭陵陵园内,为昭陵著名陪冢之一。马在唐代是天之骄子。由于唐王朝与西方交往频繁,马的品种也愈加优良。这匹陶马头瘦臀圆、膘肥体壮,正是一匹良种骏马。

啸马 唐代 陕西省历史博物馆藏

猎骑胡俑 唐代 陕西省历史博物馆藏

三彩鞍马　唐代

鞍马　唐代　陕西蒲城唐睿宗李旦桥陵

骑马狩猎俑　唐代

骑马乐俑　唐代　陕西省历史博物馆藏

「马」的雕塑

骑马武士 金代 陕西省历史博物馆藏
首作蛇头形，舌可活动，柄前两侧有系环，已残。有北方少数民族色彩。

牵马俑 元代

牵马俑 灰陶 元代 陕西省历史博物馆藏

"马"的雕塑

骑马人　竹雕　明代　北京故宫博物院藏

驭马人　明代　抚顺市元帅林文物管理所保管

驭者和马　青石雕　明代
江苏省盱眙县明祖陵神道

墨玉马头杖首　明代

玉马　明代

石卧马　明代　北京市十三陵神道

马上封侯玉佩饰　清代

玉马　清中期

三彩马上封侯瓷摆件　清末

马上封侯　青翠
清代　常熟市博物馆藏

石马　清代　沈阳市昭陵神道东侧

「马」的雕塑

马上封侯摆件　青白玉雕　清代

马上封侯摆件　象牙雕　近代

马上封侯摆件　白玉雕　清代

马上封侯摆件　象牙雕　近代

欢腾的草原　黄杨木雕　现代　郑胜宁作

"马"的篆刻

骑射纹印 汉代

马纹印 汉代

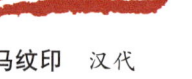

骑马纹印 汉代

双马纹印 汉代

龙马纹印 汉代

车马纹印 汉代

马纹印 汉代

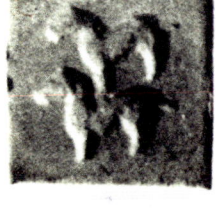

持戈骑马纹印 汉代

戏马纹印 汉代

马纹印 汉代

骑马印 元代

160

"马"的篆刻

骑射　现代　大康作　　　马　现代　来楚生作　　　生肖马　　　　　　生肖马
　　　　　　　　　　　　　　　　　　　　　　　现代　寒月作　　　现代　矫毅作

十二生肖马　现代　永生作　　古代马车　　　　　骑射　现代
　　　　　　　　　　　　　　现代　王景群作

生肖马　现代　陈冠英、张维萍篆刻

"马"的年画

丁山征西（局部）　天津杨柳青　俄罗斯科学院民族学博物馆藏

「马」的年画

日进斗金　清代　山东潍县

马上门神　清代　陕西蒲城

马跃檀溪　清代　天津杨柳青

故事见《三国演义》。刘备依荆州刘表,寄居新野,刘表妻蔡氏与弟蔡瑁均嫉之,意欲杀刘备。一日席间暗伏甲士五百,不料伊籍暗告刘备。刘备借更衣为名跨马逃去,急出东门,被檀溪阻隔。回顾蔡瑁追兵渐近,刘备加鞭曰:"的卢,的卢,今日妨吾。"话音刚落,马一跃三丈,飞过对岸,使刘备逃脱此难。

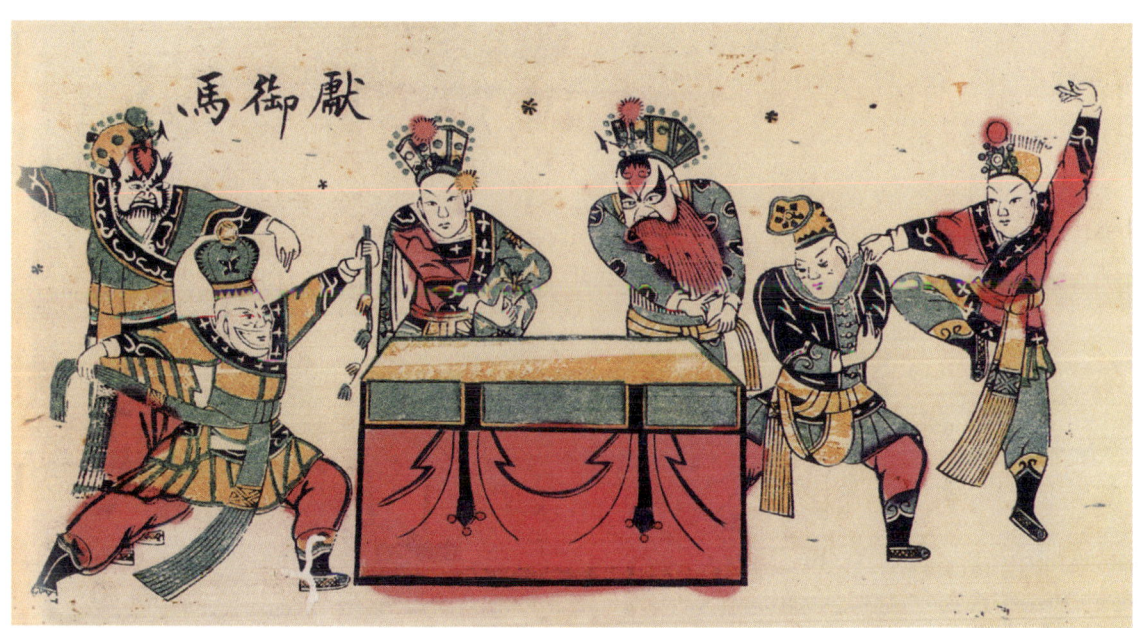

献御马　清代　山东杨家埠

取《施公案》故事。清康熙帝御马被连环寨主窦尔墩盗走,黄天霸上山与之交手,不能取胜。朱光祖夜潜山寨,盗走窦尔墩的双钩。窦尔墩面告黄天霸,如三日内独自上山将御马盗走,即拜黄天霸为师。黄天霸在连环寨小头目吴用人的带领下,将御马盗回,并活捉窦尔墩。

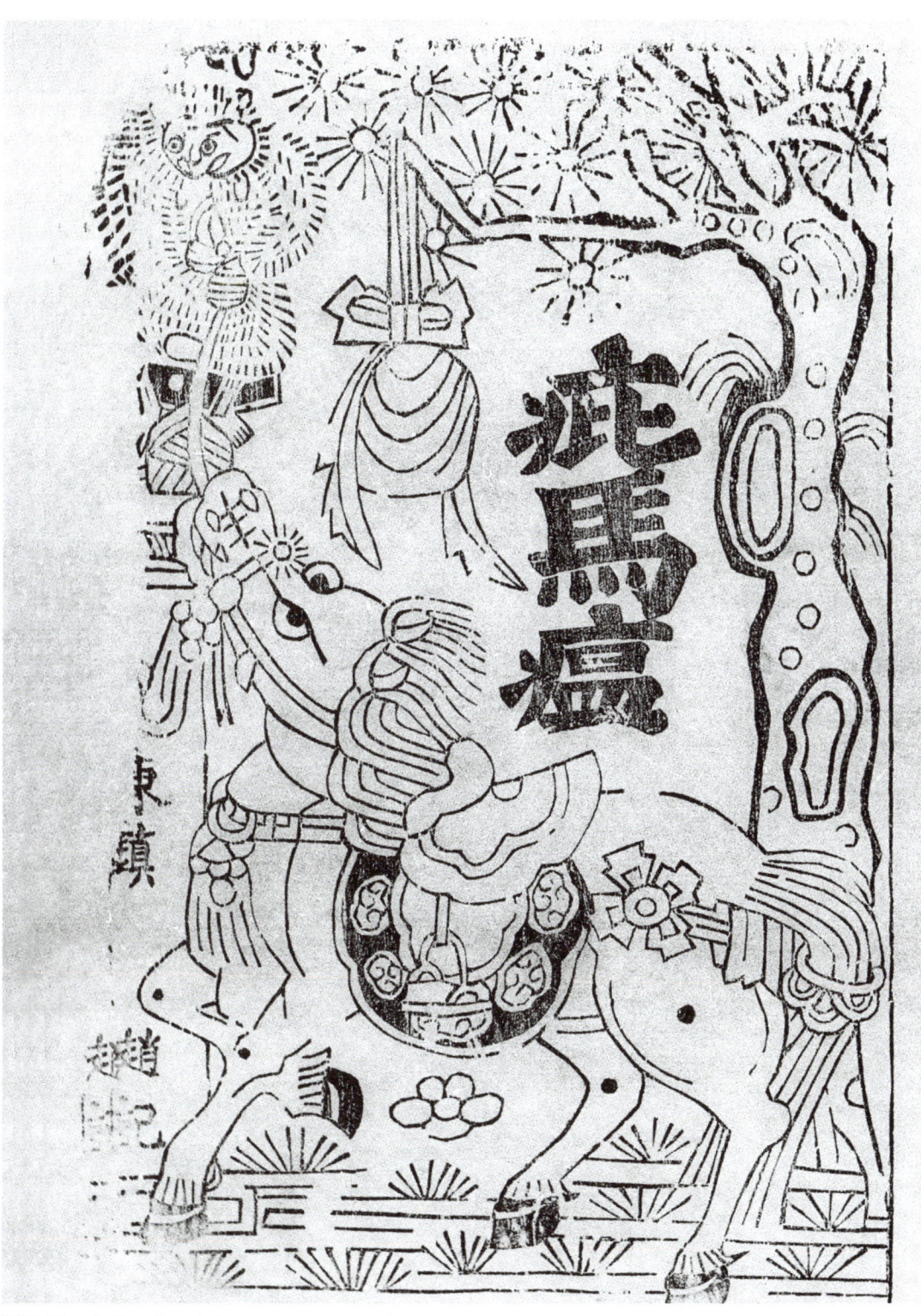

避马瘟　清代　陕西凤翔

民间传说，猴子可以避马瘟。神话小说《西游记》作者也采用了这一传说，写玉帝招安孙悟空，封官为弼（避）马温（瘟）。画中的"疕"意即"避"，是借用了另一同音字。此画在民间常贴于马厩。

长坂坡　门画　清代　河南开封

日行千里　清代　河南开封

常遇春马跃围墙　清代　上海

元顺帝时,大丞相萨敦奉命设武科场,朱元龙、陈友谅、方国珍、张士诚等皆来应试。常遇春来迟,纵马越墙而进。上亲王主考,常遇春得状元印。萨敦在御酒中投药,常遇春怒,众举子大反科场,杀出城外,投襄阳。

新彩昭君跑马　清代　江苏苏州

昭君即王嫱。此图画昭君穿绸衣披肩,戴花冠雉翎骑在马上,后有宫女背负琵琶以及穿马褂、戴纬帽、帽后插一孔雀翎的番邦人马等共十二名,进出在一城楼的两城门间。城上有番王装束的戏中人物在垂目下视。上题"新彩昭君跑马",是堂屋贴用的装饰品。

"马"的玩具

骑马人　瓷　宋代

小马　西周　陕西省历史博物馆藏

绿釉陶骑马人哨　东汉　茂陵博物馆藏

马上封侯　玛瑙　清代

陶马　汉代

「马」的玩具

王爷与王妃　烧土　清代

三个马哨　泥　河南浚县

官人骑红马　泥　河南浚县

骑马人哨　陶　云南

赶马车的　泥塑　北京　韩增启作

马　泥咕咕　河南浚县

马　香包　陕西千阳

娃娃骑马　面塑　山西

猴骑马　陶哨　云南建水

马　麦秸秆编

马　泥咕咕　河南浚县

"马"的玩具

骑马人　泥咕咕　河南浚县

十二生肖马　泥咕咕　河南浚县

马　纤维编　贵州

马车　布木　北京　唐启良作

双骑马　泥　河南浚县

秦琼骑马　泥　河南浚县

骑马人哨　陶　云南

盛英将军骑马　泥塑　河北玉田　　　　瓦岗寨人物　陶　河南浚县

「马」的玩具

皮影戏人　木　陕西

红鞍马　泥塑　陕西凤翔

排子马　木　北京　唐启良作

小红马　革

跳跳马　塑胶

"马"的剪纸

对马团花（残）　南北朝
新疆吐鲁番阿斯塔那出土
新疆维吾尔自治区博物馆藏

骑马人物　彩绘窗花　清代　山东牟平

骑战　窗花　清代　陕亚乾县　程征藏

轿车 窗花 民国 陕西礼县 张自修作

老人骑马 窗花 民国 山东牟平

马车 窗花 民国 陕西永寿

童子十二生肖马 山西

轿车 窗花 民国 陕西永寿

马 河北蔚县

「马」的剪纸

马　窗花　山西、陕西

「马」的剪纸

马　宁夏

童子十二生肖马　山东莱州

姜央骑马　贵州

马　甘肃

马　窗花　山西、陕西

马　陕西延安

人身十二生肖马　山东高密

送肥　黑龙江海伦

"马"的剪纸

生肖马　陕西　周苹英剪

武将　窗花两幅　山西永济

喜字十二生肖马　山东

回娘家　陕西陇县

马　陕西　周苹英剪

「马」的剪纸

生肖马　辽宁　韩月琴剪

生肖马　辽宁　韩月琴剪

"马"的火花

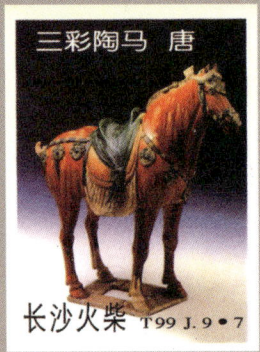   

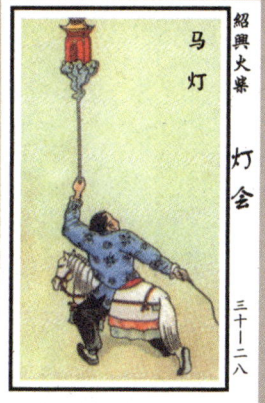

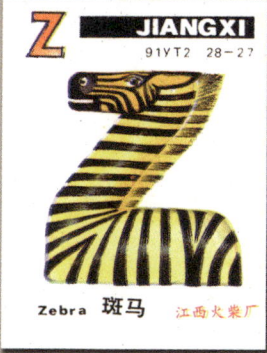
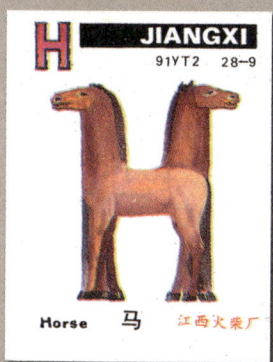

"马"的磁卡

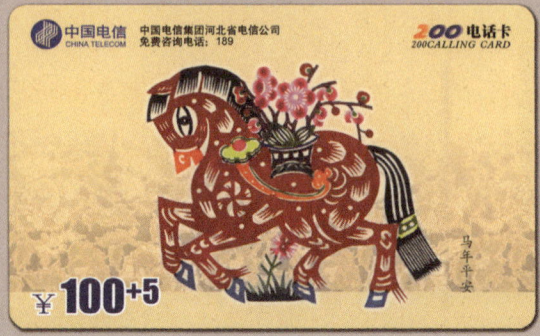

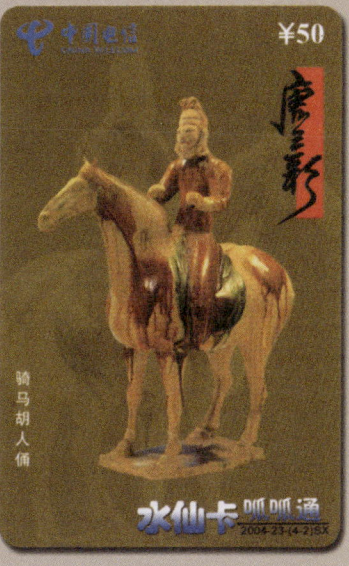

"马"的票券

粮 票

1955年8月25日,国务院全体会议第17次会议通过《市镇粮食定量供应凭证印制暂行办法》,粮票从此应运而生,此后,食用油票、豆腐票、布票等各种票证进入人们的生活,直到1993年,各种商品皆需凭票购买。

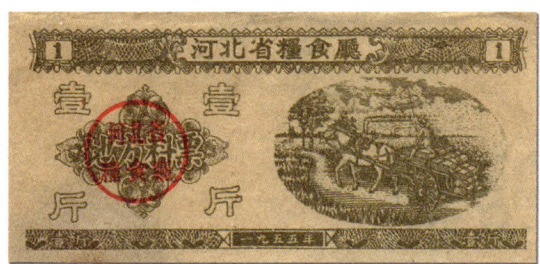

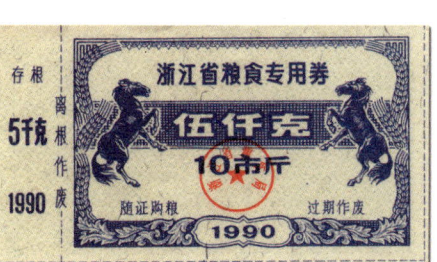

「马」的票券

"马"的古代纹饰

金银错铜镜上的斗虎纹（局部）　战国　河南洛阳出土

猎纹画像砖（局部）　汉代

晋宁　贝器上的马纹　汉代

南阳汉画像石上的马纹

狩猎纹画像砖　汉代

金银错铜镜上的斗虎纹（局部）　战国　河南洛阳出土

金银错狩猎纹铜车饰上的马纹
西汉　河北正定出土

人物纹画像砖　汉代

南阳汉画像石上的马纹

"马"的古代纹饰

汉画像石狩猎纹

汉画像石放牧纹

汉画像砖骑射纹

狩猎纹画像砖
汉代 河南郑州出土

狩猎纹画像砖 汉代

狩猎纹画像砖 汉代

汉画像石马纹

汉石刻车马出行纹

汉画像石百戏舞乐纹（局部） 山东沂南出土

汉画像石车骑纹

汉石刻车马出行纹

汉画像石出行纹　山东济宁两城山出土

汉画像石骑马纹　山东沂南出土

汉画像石车骑纹

汉画像石车骑纹

汉画像石车骑纹

汉画像石出行纹　江苏徐州出土

汉画像砖车骑纹

汉画像石车骑纹

汉石刻车骑纹

汉画像砖斧车纹

"马"的古代纹饰

汉画像石骑马纹

汉画像石车骑纹

汉画像石车骑纹

汉画像砖骑马纹

汉画像砖车骑纹

汉画像石车骑纹　江苏徐州出土

汉画像石车骑纹

西汉铜器骑马纹

汉画像石翼马纹　山东嘉祥武氏祠

汉画像石喂马纹　江苏徐州利国出土

汉画像砖骑马纹

汉画像石骑马纹

"马"的古代纹饰

唐代杨执一墓志石刻十二生肖之马

江苏邗江五代南唐王氏墓志石刻马

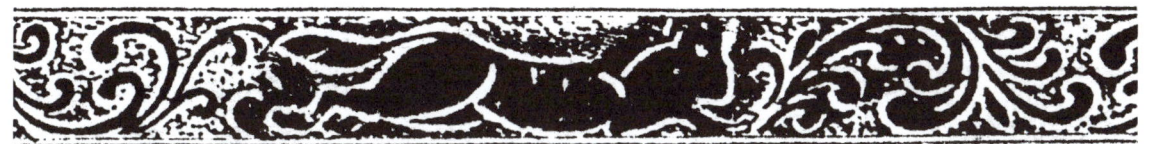
唐或五代金腰带上的十二生肖蛇马　四川什邡县出土

唐代尉敬德墓志石刻十二生肖马纹

唐代李嗣墓志顶石刻十二生肖马纹

汉画像石车骑纹

明代织锦奔马纹

"马"的卡通形象

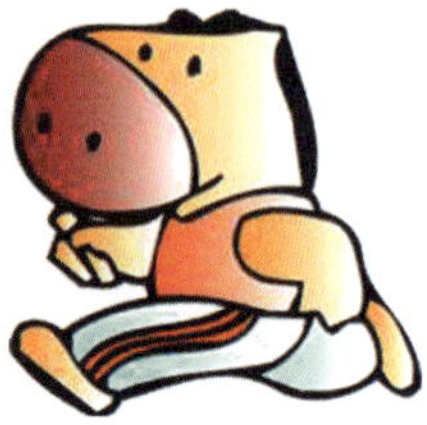

「马」的卡通形象

"马"的图案

马 杨治国、沈康、杨新安编绘

马的装饰图案　宝克孝绘

马的装饰图案　郑军绘

附记

20 世纪马年大事记

中国农历丙午年
（公元 1906.01.25—1907.02.12）

2月15日，英国第一艘巨大的新型装甲舰"无畏号"下水。

2月22日，南昌知县江召棠被法国传教士王安之刺死。25日，南昌群众烧毁教堂，杀死法国传教士王安之等6人、英国传教士3人。清政府处死民众领袖，赔款35万银两。

3月8日，英国政府宣布"大英帝国"已占有全球1/5的土地和4亿人口。

3月10日，法国库里埃煤矿矿井大爆炸，矿工1100人死亡。11日，3万名矿工举行大罢工。

4月1日，中国京汉铁路正式通车。

4月18日，当地时间凌晨5时15分，美国旧金山发生里氏8.3级大地震。地震引发大火，市中心的商业区全部焚毁。2/3的建筑物倒塌，约1000余人丧生，13万人无家可归，财产损失逾20亿美元。

4月7日，意大利维苏威火山突然爆发，流出的岩浆包围了奥塔维亚诺镇，使几百名意大利人伤亡，那不勒斯市被重重火山灰

烬所覆盖，一些屋顶因不堪承受重力而坍塌，又压死了许多人。

4月27日，清政府外务部侍郎唐绍仪与英使萨道义在北京订立《中英续订藏印条约》。

5月1日，法国巴黎21万工人罢工，要求实行8小时工作制，法国总理克里孟梭调集18个团的陆军，镇压了罢工运动。

5月22日，浙江杭州城内暴发抢米店风潮，全城陷入混乱。当地官吏被迫出示平价，禁止米商囤积，抢风遂渐渐平息。

5月23日，挪威剧作家、诗人易卜生去世，终年78岁。

易卜生一生共写剧本26部。早期作品表现民族统一的爱国思想和民主意识；1877年后发表社会问题剧《社会支柱》、《玩偶之家》等，以尖锐的批判精神和写实技巧，剖析社会弊端；晚期作品偏重于人物内心和精神世界的探索与刻画。易卜生的作品对现代戏剧的发展具有广泛而深刻的影响。

6月29日，中国民主革命家章炳麟在被关押3年后出狱。1903年，他因发表《驳康有为论革命书》并为邹容《革命军》作序，触怒清廷，被捕入狱。

7月4日，英、法、意大签订瓜分埃塞俄比亚势力范围的协定。

7月11日，中国长沙数以万计的市民为投江自尽的革命志士陈天华、姚宏业送葬，形成一次巨大的政治示威游行。

8月，古巴人民举行反贿选总统起义，遭到美国镇压。美国妄图借此长期占领古巴，遭到古巴人民强烈反对，被迫撤军。

8月18日，智利大地震，造成数百人死亡。

8月22日，南非特兰士瓦州政府公布禁止印度向南非移民的"黑色法案"。甘地领导印度侨民掀起非暴力抵抗运动，反对种族歧视。

9月1日，慈禧太后下诏准备"仿行宪政"，抵制革命运动的预备立宪开场。

9月3日，英国职工联盟举行利物浦会议，通过争取8小时工作日的决议。

10月3日，"SOS"在德国被采纳为国际呼救信号。

10月7日，伊朗召开第一届国会，制定第一部宪法。

10月22日，后期印象派代表、被奉为"现代绘画之父"的法国画家保罗·塞尚去世。他的代表作有《有瓷杯和水果的静物》等。

11月12日，巴西飞行员杜蒙特驾驶双翼机，在法国以235码的飞行距离创造了国际航空联

合会承认的第一个直线飞行记录。这位早期飞行事业的先驱，因对飞机被移作军事用途而深感沮丧，1932年自杀身亡。

11月26日，日本正式成立"南满洲铁道

株式会社"，总部设在大连，所辖约80个单位，搜集中国军事、政治、经济情报，加紧对中国的侵略。

12月2日，孙中山在日本举行的《民报》创刊周年大会的演讲中，首次提出"五权宪法"的理论。

12月4日，中国同盟会联合湘赣哥老会发动萍浏醴起义，发布中华国民军起义檄文，以同盟会的纲领为号召，屡败清军，声势浩大。清政府调数十万人镇压。12月下旬，起义失败。

12月9日，中国保皇会首领康有为在美国纽约《中国维新报》发表公告，通知各地保皇会于1907年元旦改称"国民宪政会"，作为推动宪政的团体。

12月14日，德国海军装备排水量达238吨的第一艘"U-1"号潜水艇。这种潜艇以后又经过多次改进。在第一次世界大战中，外观涂以深灰色的"U-1"号潜水艇，在大西洋、地中海多次袭击商船、战舰，被称为"灰色的狼"。

12月16日，江浙绅商在上海成立中国立宪派的第一个团体，推举郑孝胥为会长。

12月24日，加拿大出生的美籍科学家费森登，第一次成功地进行了语言和音乐的无线电广播实验（322公里）。

中国农历戊午年

（公元 1918.02.11—1919.01.31）

2月18日，德奥军违反停战协定，开始向苏维埃俄国发动全线进攻。

2月16日，立陶宛正式宣布独立。

2月19日，苏维埃俄国宣布土地国有化法令。

3月3日，苏俄与德奥集团签订《布列斯特和约》，宣布双方终止战争状态，苏俄放弃对波兰、立陶宛等地的管辖，承认乌克兰和芬兰为独立国及向德国缴付巨额赔款等项。11月，该和约被废除。

3月7日，代总统冯国璋辞职。

3月23日，段祺瑞再任国务总理，决定对川、湘、奥各省用兵计划。南北战争开始。

3月25日，日本外务大臣和段祺瑞政府驻日公使互换《中日共同防敌军事协定》。

4月14日，毛泽东、蔡和森、何叔衡等在湖南长沙创立革命团体—新民学会。成立大会在岳麓山下的蔡和森家中召开。会议讨论通过了毛泽东、邹彝鼎起草的会章。毛泽东当选为干事。

4月29日，中国广州非常国会通电反对《中日共同防敌军事协定》。

5月1日，上海中美烟草公司烟厂工人罢工。2日，上海英商祥生船厂工人罢工。

5月4日，孙中山在西南各省军阀排挤下，向非常国会辞去护法军政府大元帅职。

5月30日，北京政府外交总长陆徵祥与日本驻京公使林权助，在北京互提经两国政府批准的《中日共同防敌军事协定》文件。

6月16日，中国国务总理唐绍仪辞职。29日，陆徵祥任国务总理。

6月18日，北京政府与日本兴亚银行等签订吉会铁路1000万元借款合同（西原借款）。

6月23日，英军在摩尔曼斯克登陆，协约国开始公开武装干涉俄国革命。

7月5日，北京政府与日本正金银行签订1000万元善后借款第三次垫款合同。

7月17日，俄国沙皇尼古拉二世、亚历山德拉皇后及其子女在叶卡捷琳堡被处决。

8月21日，第二次索姆河和阿腊斯战役开始。英法军逐渐扩大进攻面，迫使德军后撤到兴登堡防线。

8月13日，中国政府对日、俄、英三国发表关于《满蒙藏之主权三事》声明。

8月13日，日本发表出兵满洲里宣言。17日，日军进驻中国哈尔滨。

8月30日，列宁被俄国社会革命党人行刺，身负重伤。

9月4日，总统选举会在北京象坊桥众议院举行，徐世昌以425票当选中华民国第二任大总统。14日，广州军政府复电冯国璋："以非法国会强行大选，使解决时局之道益形困难，是否合厌乱望治者之心理，或为应付厌乱望治者之适当方法，请还诉之人民。"否

认徐世昌为大总统。

10月28日，基尔的德国舰队发生兵变，水兵拒绝执行袭击英舰计划。

11月4日，德国基尔士兵苏维埃、工人苏维埃成立。5日，卢卑克士兵起义，工兵苏维埃取得政权。6日，汉堡政权转到工兵苏维埃手中。7日，巴伐利亚王朝被推翻，宣告成立民主共和国。8日，不伦瑞克、莱比锡等地建立工兵苏维埃。

11月9日，柏林爆发总罢工和武装起义。起义者占领市政机关。宰相马克斯亲王宣布威廉二世退位，其本人亦宣告辞职。10日，社会民主党右派和独立社会民主党组成"人民全权代表委员会"联合政府。德皇威廉二世与妻子奥古斯坦一起逃亡荷兰。

11月11日，德国与协约国签订《康边停战协定》，宣告了第一次世界大战的结束。

第一次世界大战历时4年3个月，战火燃遍欧洲大陆，延及非洲和亚洲的中国，大西洋的北海海域、地中海和太平洋的南部海域都曾发生激烈的海战。先后卷入这场战争的有33

个国家，人口在15亿以上，死伤3000多万人。由于战争而死于饥饿和灾荒的也在1000万人左右。战争造成的经济损失总计达2700亿美元。

11月16日，大总统徐世昌下令全国庆祝第一次世界大战胜利。28日，北京政府在紫禁城太和殿举行盛大阅兵式。

12月24日，葡萄牙总统西多尼奥·庞埃斯被暗杀。

12月18日，各省议会、商会、教育会等联合组织"全国和平联合会"，推蔡元培为总代表。

12月20日，徐世昌任命钱能训为国务总理。

12月22日，由陈独秀、李大钊、胡适等创办的《每周评论》，在北京正式出刊。该刊以主张公理、反对强权为宗旨，坚持反帝反封建的思想、文化宣传，报道苏俄社会主义革命情况，为五四运动作了重要的思想准备。

1919年1月18日至6月28日，巴黎和会在法国凡尔赛宫举行，27个国家的代表团出席。会议先由英、法、美、意、日5国操纵；后于3月成立美、英、法、意4国首脑会议。6日28日，协约国代表与德国代表签署对德和约，又称《凡尔赛和约》。

二十世纪马年大事记

中国农历庚午年

（公元 1930.01.30—1931.02.16）

2月1日，中国共产党在广西龙州举行武装起义，成立红八军。邓小平任红七军、红八军总政委。

2月6日，意大利与奥地利签订友好条约。

2月18日，海王星外新发现的太阳系第九颗行星，被命名为冥王星。

3月，美国近120万失业工人举行游行示威。至本年底，美国失业人数超过450万。

3月2日，作家鲁迅、茅盾、郁达夫等50人在上海成立中国左翼作家联盟。左联的成立，对于团结和组织进步作家粉碎国民党文化"围剿"和推进革命文学运动起过很大作用，标志着革命文学运动的新阶段。1936年初，为了建立文艺界抗日民族统一战线而自动解散。

3月12日，印度民族运动领袖甘地率领信徒发动"食盐进军"。4月6日，甘地在丹地海滨自煮食盐，以抗议盐税法，在全国掀起第二次非暴力不合作运动高潮。

3月26日，上海发生米荒，米价每石逾20元。

4月14日，苏联诗人马雅可夫斯基自杀。

4月15日，中国共产党鄂豫皖特委组成。三地区红军组成红军第一军。后与红军第十五军组成红军第四军团，徐向前任总指挥。鄂豫皖革命根据地形成。

4月30日，国民党新军阀之间展开大规模混战。阎锡山、冯玉祥、李宗仁及汪精卫、邹鲁等联合国民党其他地方军阀，在东起山东，西至襄樊，南迄长沙，绵延数千里的战线上与蒋介石展开中原大战。双方使用兵力100多万，死伤30余万人，使中原地区蒙受了极大的战争损失。

5月6日，中日关税协定在南京签字。

5月15日，14名原从事护士工作的女性，成为美国第一批飞机乘务员。

6月，墨西哥政府血腥镇压马塔莫罗斯的工人示威游行。

6月11日，中共中央政治局会议在上海召开，订出立即组织全国各中心城市起义的冒险计划。

6月17日，美国总统胡弗不顾1000多名经济学家的反对，签署《斯穆特－霍利关税法》。许多进口原料的关税和1922年的税率相比，增加50%至1倍。其他国家竞相进行报复。到1931年底，约有25个国家采取了报复措施。

7月，埃及许多大城市爆发了大规模的骚乱。自6月21日富阿德国王命令华夫脱党内阁辞职。解散议会后，华夫脱党对政府采取不合作政策，鼓动不纳捐税，导致全国普遍暴发民族主义暴乱。警察与骚乱者在街上斗殴，连华夫脱本人也差点在动乱中被杀死。

7月4日，美国各地失业理事会在芝加哥举行代表大会。

7月7日，英国著名作家柯南道尔（1859—1930）去世，终年61岁。所作侦探小说《福尔摩斯探案》，以复杂离奇的情节著称。

7月13日至30日，第一届世界杯足球赛在乌拉圭首都蒙得维的亚举行。13个队参加比赛。30日，东道主马拉圭队以4比2战胜阿根廷队获得冠军，阿根廷队获亚军。第一届世界杯足球赛的举行使足球运动从此迈向新纪元。该赛以后每四年举行一届，成为世界上影响最大的单项体育比赛。

7月18日至24日，闽西第一次工农兵代表大会在龙岩召开，宣布成立闽西工农民主政府。

7月30日，葡萄牙法西斯政党国民同盟成立。

8月23日，中国工农红军第三军团退出长沙后，红一、二军团在湖南浏阳永和市会师，组成中国工农红军第一方面军，即中央红军。朱德任总司令，毛泽东任总政委。

8月23日，上海成立反帝国主义运动大同盟。

9月4日，孙中山决定北伐，将大本营迁至韶关。

9月9日，北平国民政府成立。

9月14日，德国国会选举，希特勒民社党成为国会第二大党，议席由12席增至107席。

9月24日至28日，中共中央在上海召开六届三中全会，选出新的政治局，基本上结束了李立三"左倾盲动主义"在党内的影响。

10月27日，中国台湾台中县雾社高山族人民反抗日军占领，举行武装起义。起义军占领雾社3天后，因台中日本守备队的进攻，退入深山。日本军在山谷中施放毒气。起义者弹尽粮绝后集体自杀。

10月30日，土耳其和希腊签订中立友好条约（《安卡拉条约》）。

10月26日，巴西国会议员瓦加斯发动政变，夺取政权，出任总统。

11月2日，海尔·塞拉西一世成为埃塞俄比亚国王。

11月，蒋介石任命鲁涤平为总司令，张辉瓒为前敌总指挥，调集7个师10万兵力，开始对中央革命根据地进行第一次大规模围剿。红一方面军在毛泽东、朱德指挥下，诱敌深入，集中优势兵力歼敌9000余名，生俘张辉瓒。前后不到5天，红军歼敌一个半师，胜利粉碎了蒋介石第一次围剿。

11月14日，日本首相滨口雄幸在东京车站，被日本右翼青年近距离枪击，受重伤。

11月14日，中国共产党党员、毛泽东的夫人杨开慧，在湖南长沙浏阳门外识字岭壮烈牺牲，年仅29岁。她于10月因叛徒告密被捕，在狱中受尽酷刑，但始终坚贞不屈。

12月9日，国民党召开"剿共"军事会议。16日，开始第一次"围剿"中央苏区红军。

12月11日，美国合众国银行宣布关闭，金融业陷入危机。

中国农历壬午年
（公元 1942.02.15—1943.02.04）

2月，毛泽东作《整顿党的作风》、《反对党八股》的报告，号召在全党反对主观主义以整顿学风，反对宗派主义以整顿党风，反对党八股以整顿文风。整风的方针是"惩前毖后，治病救人"，开展实事求是的自我批评。整风运动肃清了王明"左"倾教条主义的束缚，使广大干部、党员解放了思想，树立了理论联系实际，密切联系群众，批评和自我批评的优良作风，为抗战和全国革命的胜利奠定了基础。

2月，10万中国远征军开赴缅甸配合盟军作战。

3月10日，美国将军麦克阿瑟被任命为西南太平洋的盟军司令。

3月10日，美国派陆军中将史迪威任中国战区盟军司令兼蒋介石的参谋长。19日，史迪威又被任命为中国入缅军第五、第六军司令。

3月12日，中国驻美军事代表团离重庆赴美。

4月2日，太平洋作战会议在华盛顿举行首次会议。

4月18日，美国16架B25轰炸机从太平洋上的"黄蜂"号航空母舰起飞，首次空袭日本东京、横滨、名古屋和神户。

5月1日，日伪军对冀中根据地进行"扫荡"。

5月2日至23日，中共中央宣传部在延安杨家岭召开文艺座谈会，出席的作家、

艺术家及文艺工作者有80余人。毛泽东发表《在延安文艺座谈会上的讲话》。

5月5日，日军沿滇缅路侵入云南。

5月6日，日军占领菲律宾科雷吉多尔。

5月23日，德、意、日三国政府代表在罗马集会，拟定三国海军作战、合作计划。

5月25日，八路军副参谋长左权在与日本侵略军作战时牺牲。

5月30日，陈独秀在四川江津去世，终年62岁。

5月30日，英国空军出动1047架轰炸机集中轰炸德国科隆，投弹1459吨。

6月4日，日本联合舰队的全部主力，在山本五十六的率领下驶向中途岛。美军事先破译

了日军密码，有准备地在中途岛附近海面与日军激战。美军击沉日军4艘航空母舰，击落日机250架，使日军遭到致命打击。从此，日本在太平洋战场上被迫由战略进攻转为战略防御。

6月8日，中共中央宣传部发布在全党进行整风运动的指示。

6月25日，美国任命艾森豪威尔为欧洲

军总司令。

6月25日，英国空军对德国的不来梅发动千架轰炸机袭击。

7月17日，德军迫近斯大林格勒。

7月21日，集中在华沙犹太人居住区的大约35万犹太人开始被有计划地解往特雷布林卡灭绝营。

8月9日，英国当局拒绝印度独立，逮捕甘地、尼赫鲁和其他国大党领导人。

8月12日，英国航空母舰"鹰"号在地中海被击沉。

8月23日，德军集中230个师、150万

人的兵力，向斯大林格勒展开全面进攻，并曾一度攻入市区。苏联军民寸土不让，浴血战斗，使德军久攻不下，陷入进退两难的境地。

11月9日，苏联红军转入反攻，从西北和南面把进攻斯大林格勒的德军包围起来，形成铁钳攻势。

9月1日，邓小平任太行分局书记。

9月9日，日本海军飞机首次袭击美国本土俄勒冈州。

10月8日，印度发生反英暴动，死伤3000余人。

10月10日，英、美政府宣布愿与中国政府进行谈判，缔结关于废除在华治外法权的条约。

10月23日，蒙哥马利指挥英军第八军从非洲阿拉曼发起进攻。

11月8日，美国艾森豪威尔将军指挥的英美联军在阿尔及利亚的奥兰、阿尔及尔和摩洛哥的卡萨布兰卡登陆成功。

11月19日至20日，苏军在斯大林格勒两翼转入反攻。

11月23日，德军22个师团30万人被包围在斯大林格勒近郊。

12月2日，美籍意大利物理学家恩里科·费米领导建成世界第一个原子核反应堆，从而揭开原子利用的序幕。费米因利用中子辐射发现新的放射性元素及慢中子所引起的核反应，获1938年诺贝尔物理学奖。

12月9日，国际主义战士、印度援华医疗队柯棣华医生，因积劳成疾在河北唐县病逝。柯棣华医生1938年来华，1940年到白求恩国际和平医院工作。

12月9日，陕甘宁边区政府委员会通过《陕甘宁边区简政实施纲要》。

12月19日至27日，汉奸汪精卫访问日本，与东条英机会谈，请求日本大力支持汪伪政权，以便协力进行"大东亚战争"。

12月底，中共中央提出"发展经济，保障供给"的方针，号召根据地军民自力更生，克服困难。陕北开展轰轰烈烈的大生产运动。

中国农历甲午年

(公元 1954.02.03—1955.01.23)

2月6日至10日,中共七届四中全会在京举行。全会批准中央政治局提出的过渡时期总路线,批判和揭露了高岗、饶漱石的反党分裂活动,一致通过了《关于增强党的团结的决议》。

2月7日,越南人民军解放昆嵩省会昆嵩。

3月1日,美国在太平洋比基尼珊瑚礁上又进行了氢弹试验。1952年爆炸的氢弹采用液态氘,而这枚氢弹采用固体氘化锂,因此被认为是第一枚真正的氢弹。

3月6日,绥远省建制正式撤销。原绥远省辖区统一由内蒙古自治区人民政府领导。

3月9日,越南民主共和国抗议美国派遣空军人员直接参加侵越战争。

3月12日,英国在肯尼亚逮捕700名"茅茅运动"活动分子。

3月16日,美国杜勒斯宣称,《北大西洋公约》和《里约热内卢条约》使总统有权"在盟国遭受攻击时",不与国会商议,即可下令在欧洲和西半球迅即进行报复。

3月31日,苏联提出加入北约。

4月17日,埃及副总理纳赛尔取代纳吉布为总理。

4月26日至7月21日,周恩来率团出席日内瓦和平国际会议。在中国代表团的积极参与下,会议达成《关于和平解决印度支那问题的协议》,从而结束了长达近八年的印度支那战争。

5月4日,中印两国签订《中印关于中国西藏地方和印度之间的通商和交通协定》。在该协定的序言中,首次正式写入周恩来总理提出、印方赞同的"和平共处五项原则"。

5日7日,越南奠边府战役结束。胡志明领导的越南人民军全歼法国侵略军,攻克奠边府。8日,法国提议在越南停战。

6月17日,中国与英国协议建立代办级外交关系。

6月25日至28日,周恩来总理应印度总理尼赫鲁的邀请访问印度。两国总理发表联合公报。

7月7日,蒙古人民共和国大人民呼拉尔选举扎·桑布为主席团主席,任命泽登巴尔为部长会议主席。

7日15日,美国波音367-80首次试飞成功。一年后,该机得到许可,改名"707"用于民航。

7月19日,阿尔巴尼亚人民议会授权穆·谢胡组织新政府。

7月21日,《印度支那停战协定》签订。法国从印度支那撤军,越南治17度

线划分为南北两部分。

7月27日，英国与埃及签订英军有条件从苏伊士运河撤军的协议草案。群众为纳赛尔欢呼。

9月5日，中国人民志愿军司令员彭德怀辞职，邓华任司令员。

9月9日，阿尔及利亚奥尔良维尔城发生强烈地震，造成1500人丧生。

9月15日至28日，第一届全国人民代表大会第一次会议在北京中南海怀仁堂举行。会议选举毛泽东为中华人民共和国主席，朱德为副主席，刘少奇为全国人大常委会委员长。董必武任最高人民法院院长，张鼎丞任最高人民检察院检察长。

9日20日，出席第一届全国人民代表大会的全体代表，经充分讨论后举手表决通过《中华人民共和国宪法》。

9月21日，由于美国阻挠，第九届联合国大会决定延期审议恢复中国在联合国的合法权力问题。

9月27日，宁夏省和甘肃省正式合并为新的甘肃省。

9月29日至10月12日，苏共中央第一书记赫鲁晓夫率苏联代表团参加中国国庆庆典。

10月6日，苏联提出召开关于德国统一、中立化和各国从德国撤军等问题的国际会议。26日，丘吉尔拒绝了这一建议。

10月23日，美、英、法、联邦德国四国外长会议在巴黎举行，达成了取消对联邦德国的《占领法规》的协议。

11月3日，美国任命柯林斯为驻越特别代表，统一指挥美在越的侵略活动。

11日3日，法国画坛巨匠马蒂斯去世，终年84岁。马蒂斯为野兽派代表人物。1906年后的作品，造型夸张，多用单纯的线描和色块的组合形成装饰感的画风。

11月11日，在中国文联和中国作协主席团（联席）会议闭幕式上，对俞平伯研究《红楼梦》的观点和《文艺报》在关于《红楼梦》研究中的问题进行了批评和讨论。

11月16日，美国国务卿杜勒斯公然表示，要用武力阻挠中国人民解放台湾。

12月2日，美国政府与台湾当局在华盛顿签订《共同防御条约》。

12月21日至25日，第二届全国政协一次会议在中南海怀仁堂举行。选举周恩来为主席，宋庆龄等16人为副主席。

12月25日，中国康藏、青藏公路全线通车。

12月29日，印度、缅甸、锡兰、印尼、巴基斯坦5国总理在印尼茂物举行会议，决定于1955年4月在印尼万隆召开亚非会议。

12月29日，中国科学院、中国作家协会联合召开的胡适思想批判讨论会正式开始。

中国农历丙午年

（公元 1966.01.21—1967.02.08）

1月24日，印度航空公司的一架班机坠毁，造成117人丧生。

2月4日，日本全日空一架波音727在东京湾坠毁，机上133名乘客及机组人员全部遇难。

2月17日，全国人大副委员长、全国政协副主席陈叔通去世。

2月24日，加纳总统恩克鲁玛在访问中国途中，被国内发生的军事政变推翻。

3月4日，加拿大一架民航机在东京羽田机场因浓雾着陆失败，64名乘客死亡。

3月5日，一架英国民航机撞上日本富士山，机上124人全部死亡。

3月11日，印尼发生军事政变，苏哈托将军掌权。

3月12日，毛泽东致信刘少奇，提出"备战备荒为人民"。

3月25日至27日，美国7座城市发生反对越南战争的示威。

4月4日，苏联宇宙飞船绕月球飞行。

4月8日，苏共二十三大闭幕，勃列日涅夫当选总书记。

5月2日，西德总理阿登纳访问以色列。访问期间，以色列发生骚乱。

5月4日至6日，中共中央政治局扩大会议在京举行，会议批判了彭真、陆定一、罗瑞卿、杨尚昆的"反党错误"，并撤销他们的职务。

5月16日，中共中央政治局扩大会议通过毛泽东主持指定的《中国共产党中央委员会通知》（即《五·一六通知》）。

5月18日，中共中央华北局原候补书记、中共北京市委书记处原书记邓拓含冤逝世，终年54岁。1979年9月5日，邓拓追悼会在北京八宝山革命公墓举行。

5月25日，北京大学哲学系聂元梓等7人，在康生授意下写大字报攻击北京市委和北大党委。6月1日，这张大字报向全国广播。

5月28日，中共中央文化革命小组成立，陈伯达任组长。

5月29日，清华大学附属中学成立了全国第一个红卫兵组织。

6月1日，《人民日报》发表社论：《横扫一切牛鬼蛇神》。

6月4日，《人民日报》公布中共中央关于改组北京市委的决定，由李雪峰接替彭真任北京市委第一书记。

6月6日，美国无人宇宙飞船在月球着陆。

6月29日，越战升级，美国轰炸越南民主共和国首都河内。

7月1日，法国从北约撤出武装部队。

7月11日至30日，第八届世界杯足球赛在英国举行。30日，东道主英国队在9万多观众面前以4比2战胜西德队获得冠军，西德队获亚军。上届世界杯赛冠军巴西队这次未能进入前8名。

7月16日，毛主席在武汉畅游长江。

8月1日至12日，中共八届十一中全会，通过《关于无产阶级文化大革命的决定》。

8月11日至16日，美国洛杉矶贫困黑人区瓦茨爆发大规模种族骚乱，28名黑人死亡。

8月18日至11月26日，毛主席在北京先后八次接见来自全国各地的大专院校师生和红卫兵。

8月20日，北京红卫兵走上街头"破四旧"。一场大破剥削阶级的旧思想、旧文化、旧风俗、旧习惯的运动兴起。

8月24日，著名作家老舍去世。

9月，红卫兵开始革命串联。随着串连人数的增多，交通日益拥挤不堪。在这种情况下，不少青年学生自动组织了"长征队"，步行进行串联。10月22日，《人民日报》发表了《红卫兵不怕远征难》的社论，赞扬红卫兵步行串联是一个很有意义的创举。

9月6日，南非总理在开普敦被刺死。

9月30日，贝专纳独立，改国名为博茨瓦那。

10月1日，北京天安门广场举行国庆17周年盛大庆祝活动。毛主席等中央领导人检阅游行队伍。

10月4日，莱索托成为英联邦内的独立国家。

10月8日，我国制成第一批10万千瓦水轮发电机组。

10月20日，英国默瑟蒂德菲尔附近的威尔士采煤小村庄阿伯方发生一场悲剧，一座被遗弃的矿渣山倒塌，把一座乡村小学掩埋，造成147人丧生。这场灾难实际上使该村失去了整整一代的小学生。10月27日，10万人参加了为死难孩子举行的葬礼，英国全国降半旗志哀。

10月21日，英·甘地总理、纳赛尔总统、铁托总统在印度新德里举行会谈，并发表联合公报。三国首脑要求美国无条件结束越南战争。

10月22日，《人民日报》发表了《红卫兵不怕远征难》的社论，赞扬红卫兵步行串联是一个创举。

10月27日，我国第一颗装有核弹头的地地导弹飞行爆炸成功。

11月13日，一架从大阪起的日本全日空飞机坠入大海，5名机组人员和45名乘客全部遇难。

11月20日，意大利北部暴雨成灾，造成佛罗伦萨有史以来最汹涌的洪水泛滥，几百件珍贵艺术品损毁。洪水夺走了100多人的生命。

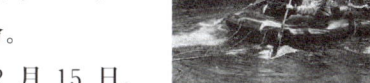

12月15日，美国电影制片人、迪斯尼乐园创始人沃尔特·迪斯尼去世，终年65岁。

12月22日，罗得西亚退出英联邦。

12月31日，在南越的美军人数达到38.9万。

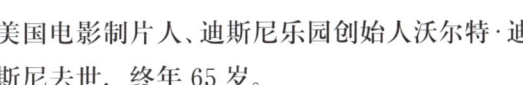

中国农历戊午年
(公元 1978.02.07—1979.01.27)

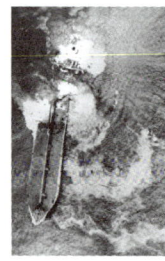

3月16日，超级油轮"阿莫戈·卡迪兹"号在法国西北部布列塔尼半岛布列斯特海湾触礁，22万吨原油全部泄入海中，从而酿成了世界上最严重的石油污染事件之一。

3月9日，索马里军队撤出埃塞俄比亚，从而结束欧加登战争。

3月16日，意大利前总理阿尔多·莫罗在罗马被红色旅成员绑架。5月9日，他的尸体在罗马市一辆小汽车中被发现，身上中弹11处。

3月18日，巴基斯坦前总理布托被判死刑。

4月5日，中共中央批准中央统战部和公安部关于全部摘掉"右派"分子帽子的请示报告。

4月27日，阿富汗发生流血政变，达乌德总统被杀。以人民民主党总书记塔拉基为主席的革命委员会夺取政权，并将国名改为"阿富汗民主共和国"。

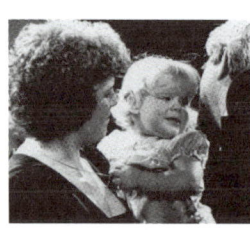

5月11日，《光明日报》刊登题为《实践是检验真理的唯一标准》的特约评论员文章。

7月26日，世界上第一个试管婴儿露易丝·布朗在英国曼彻斯特的一家医院里诞生。婴儿的胚胎是在体外受孕后植入母亲子宫的。

5月11日，伊朗德黑兰发生骚乱，穆斯林民众要求废除国王。

6月23日，意大利29名红色旅成员被判处监禁。

6月25日，在第十一届世界杯足球决赛中，东道主阿根廷队在加时赛中，最终以3比1击败荷兰队，实现了阿根廷人自1930年以来的一个愿望。

7月7日，所罗门群岛从英国统治下获得独立。

7月11日，西班牙一游览营地发生爆炸，造成200人死亡。

8月6日，教皇保罗六世死于心脏病发作，享年80岁。在长达25年的统治生涯中，他积极参

与国际事务，发挥了独特的作用。100多个国家的代表出席了他的葬礼。

8月12日，中国外交部长黄华与日本外相园田直在北京正式签订《中日和平友好条约》。10月23日，两国互换了批准书的正本，《中日和平友好条约》正式生效。该条约以法律形式确认了《中日联合声明》的各项原则，为中日关系的全面发展奠定了政治基础。

8月13日，贝鲁特发生大爆炸，造成150名巴勒斯坦人死亡。

8月14日，世界反对种族主义和种族歧视大会在瑞士日内瓦举行，大会通过宣言和行动纲领，主张根除种族主义和种族歧视。

8月19日，伊朗一家电影院发生极端分子制造的纵火案，造成多人死亡。

8月26日，红衣主教秘密会议选举威尼

斯大主教为第263任教皇,命名约翰·保罗一世。9月29日,这位教皇因心脏病去世,成为自1605年以来在位时间最短的一位教皇,也使教皇职位一年两度易人。10月16日,红衣主教卡罗尔·沃伊蒂拉被推选为继承人,命名为约翰·保罗二世。

9月10日,罗得西亚部分地区实施军管法。

9月16日,齐亚·哈克就任巴基斯坦总统。

9月17日,埃及总统萨达特、以色列总理贝京和美国总统卡特三方最高级会议在美国戴维营举行。埃及、以色列签订《戴维营协议》。

9月25日,美国加利福陀亚州圣地亚哥市发生空难事坡,150人死亡。

9月29日,保加利亚持不同政见者马尔科夫在伦敦遇刺。

10月31日,伊朗石油工人举行大罢工,使伊朗石油产量减半。

11月3日,越南与苏联签订为期25年的《苏越友好合作条约》。

11月10日至12月15日,中共中央工作会议在北京举行。邓小平作题为《解放思想,实事求是,团结一致向前看》的讲话。

11月18日,914名人民圣殿教信徒,包括276名儿童被发现死于圭亚那琼斯教的"公社"中。他们是在教主吉姆·琼斯牧师的命令下服用氰化物集体自杀的。

11月14日,经中共中央政治局常委批准,中共北京市委宣布:1976年清明节,广大群众到天安门广场沉痛悼念敬爱的周总理,愤怒声讨"四人帮",完全是革命行动。对于因悼念周总理、反对"四人帮"而受到迫害的同志,一律平反,恢复名誉。

12月3日,越南宣布建立柬埔寨傀儡组织"柬埔寨救国民族团结阵线"。25日,越南出动10万正规军,大举入侵民主柬埔寨。1979年1月7日,越南军队攻陷民主柬埔寨首都金边。

12月5日,阿富汗与苏联签署《阿苏友好睦邻合作条约》。

12月16日,中美两国政府分别在北京和华盛顿同时发表联合公报,决定自1979年1月1日起建立外交关系。联合公报重申了上海公报中双方一致同意的各项原则,并且指出,美国承认中华人民共和国政府是中国的唯一合法政治,台湾是中国的一个省。在中美建交的同日,美国将宣布断绝同台湾的外交关系。

12月18日至22日,中共十一届三中全会在北京举行。全会根据中央工作会议的讨论,作出了把全党工作的着重点和全国人民的注意力转移到社会主义现代化建设上来的战略决策。

12月24日,中共中央在北京为彭德怀、陶铸举行追悼大会,为他们恢复了名誉,骨灰安放在八宝山革命公墓。

1979年1月1日,中美两国正式建立外交关系,从而结束了长达30年之久的不正常状态。

中国农历庚午年
（公元1990.01.2—1991.02.14）

1月27日至29日，波兰统一工人党第十一次全国代表大会举行，通过《关于波兰统一工人党停止活动决议》。

2月2日，南非德克勒克总统宣布，无条件地解除对南非非洲人国民大会和其他政治组织的禁令。11日，黑人领袖曼德拉获释。

2月13日至17日，香港特别行政区基本法起草委员会第九次会议在北京举行。会议审议和通过体现"一国两制"伟大构想的《香港特别行政区基本法（草案）》，评选出香港特别行政区区旗和区徽图案（草案），并决定把基本法（草案）和区旗和区徽图案（草案）提交全国人大常委会审议。

3月14日，戈尔巴乔夫当选苏联第一任总统。

3月20日至4月4日，中国七届全国人大三次会议在京举行。大会决定接受邓小平辞去中华人民共和国中央军事委员会主席职务的请求。

3月21日，纳米比亚宣告独立。

3月31日，英国发生"人头税"骚乱。

4月7日，中国自行研制的"长征三号"运载火箭在西昌卫星发射中心发射，将美国休斯公司生产的"亚洲一号"卫星送入转移轨道，这是中国的运载火箭首次成功地完成为国外发射商用卫星的服务。

13日，新华社报道："亚洲一号"卫星已进入地球同步轨道，运行顺利。

4月15日，好莱坞黄金时代的明星葛丽泰·嘉宝在纽约去世，享年84岁。她曾获颁奥斯卡终身成就奖。1999年，她被美国电影学会选为百年来最伟大的女演员第五名。

4月23日至26日，国务院总理李鹏访问苏联。这是中苏两国关系正常化以后中国政府首脑首次访问苏联，也是1964年以来中国总理第一次访问苏联。

5月20日，罗马尼亚救国阵线主席伊利埃斯库当选总统。

6月21日，伊朗西北部发生里氏7.9级地震，死伤25万人，50万人无家可归。

7月8日，世界杯足球赛在意大利举行，西德队获得冠军。

7月16日，中国第一枚"长征二号"捆绑式大推力运载火箭在西昌卫星发射中心试验发射成功。这次试验发射成功，使中国的运载火箭系列增加了新的品种，表明中国已经具有发射重型卫星的能力。

8月2日凌晨，伊拉克军队大举入侵科威特，占领科威特首都及大部分领土。8日，伊拉克

宣布两国合并，科威特为伊拉克的第十九个省。

8月5日，巴基斯坦总统伊沙克·汗宣布全国处于紧急状态。次日，下令解散国民议会和贝·布托内阁。

8月28日至9月7日，第七届全国人大常委会第十五次会议在北京举行。会议通过《中

华人民共和国著作权法》、《中华人民共和国铁路法》和《中华人民共和国归侨侨眷权益保护法》等项法律。

8月28日，吉尼斯审判案宣判，判定吉尼斯公司1986年在酿酒公司集团的27亿英镑收购案中的行为有罪。吉尼斯公司前主席欧内斯特·桑德斯被判监禁5年。

9月10日，国务院有关部门和上海市政府向中外记者宣布开发、开放浦东新区的九项具体政策规定。浦东的开发、开放随即进入实质性启动阶段。

9月11日，蔡畅因病在北京逝世，终年90岁。中共中央、全国人大常委会发布讣告，称蔡畅为中国妇女运动的先驱和卓越领导者、国际进步妇女运动的著名活动家。

9月21日，徐向前元帅因病在北京逝世，终年88岁。

9月22日至10月7日，第十一届亚洲运动会在北京举行。这是中国第一次承办亚运会，也是中国承办的第一次综合性的国际体育大赛。在"团结、友谊、进步"的主旨下，来自亚洲37个国家和地区的体育代表团共6578人参加了这届运动会。中国共获得金牌183枚、银牌107枚、铜牌51枚，第三次获得亚运会金牌总数第一。

10月2日，中国一架从厦门飞往广州的厦门航空公司的波音737飞机在起飞后遭到歹徒劫持，驾驶员在白云机场迫降时，与歹徒发生搏斗。该机降落后接连撞上停在机场跑道上的一架波音707和一架波音757，最终导致128人死亡，多人受伤，三架飞机全部报废。

10月3日，摩纳哥卡罗琳公主的丈夫、年仅30岁的金融家斯特法诺·卡西拉吉在法国南部圣让费拉角附近的一次快艇失事中丧生。

10月14日，美国最杰出的音乐指挥大师伦纳德·伯恩斯坦去世。他是一位集指挥家、作曲家、演奏家、教育家、理论家于一身的艺术大师，其艺术造诣举世推崇。国际舆论认为，"他所留下的空白是难以填补的"。

10月15日，戈尔巴乔夫被授予诺贝尔和平奖。

11月22日，英国撒切尔夫人宣布辞去首相职务，从而结束了持续11年的执政。28日，约翰·梅杰出任新首相。

11月26日，经国务院授权、中国人民银行批准，上海证券交易所正式成立。这是中华人民共和国成立以来在大陆开业的第一家证券交易所。

12月20日，苏联外交部长谢瓦尔德纳泽以持保守观念的强硬路线者势力越来越大为由辞职，震惊苏联。戈尔巴乔夫称这个决定是"不可饶恕的"。

马年出生的中外名人

马年出生的中国名人

汉哀帝刘欣（前25年—前1年）

中国古代著名昏君之一，字和，西汉第十三位皇帝，在位仅7年。刘欣是汉元帝庶孙，汉成帝的侄子，定陶恭王刘康之子，母丁姬。谥为孝哀皇帝。

汉哀帝是中国历史上有名的同性恋者，他宠信一位男宠董贤。董贤除贪婪、善媚外，一无本事，却位居大司马、大将军之职。他为了与恋人生生世世在一起，还为董贤在自己的陵墓旁边修了一座冢茔。《汉书·董贤传》载，哀帝还曾开玩笑地对董贤说："吾欲法尧禅舜，何如？"吓得大臣们目瞪口呆。这种要"爱情"不要江山的恋情在历史上实为罕见。

汉安帝刘祜（94年—125年）

即东汉孝安皇帝刘祜，东汉第六位皇帝（106年—125年在位）。13岁即位，邓太后临朝，后兄邓骘执政。邓太后死后，他利用乳母王圣、宦官李闰等人杀邓氏，命皇后兄阎显掌管禁兵，外戚宦官共同把持政权。

延光四年（125年）二月，安帝携同阎皇后和贵戚南下游玩，行抵宛城，忽然病势沉重，只好下令立刻回京。在到达叶县（今河南省叶县南），已呈弥留状态。他想嘱咐后事，已经说不出话来，慢慢死于车中，终年32岁。汉安常在位19年，死葬于恭陵，庙号"恭宗"，谥号"安帝"。

张道陵（34年—156年）

道教创始人，第一代天师。本名张陵，东汉沛国丰邑（今江苏丰县）人。道书载：为汉留侯张良八世孙。据本地文史资料载，张道陵于东汉建武十年（34年）生于丰县阿房村（今江苏丰县宋楼镇费楼村）。他7岁埋头书房，苦读《道德经》、《河图》、《洛书》，领其奥。19岁设帐讲学，后任江州令。24岁与孙氏成婚。因当时社会的种种原因，张道陵无意官场，决计修道拯救百姓。张道陵在蜀汉之境设二十四治，为布化行道的机构，先后在青城山、龙虎山、巴蜀地区传道，创立了中国土生土长的宗教——道教。凡入道者交五斗米为信，后人因称其教为"五斗米道"。

姜维（202年—264年）

字伯约，天水冀县（今甘肃甘谷东南）人。三国时期蜀汉著名将领、军事统帅。其人智勇双全，极善用兵，是蜀国综合能力最强的将领。原为曹魏天水郡的中郎将，后降蜀汉，官至凉州刺史、大将军（拥有最高军事指挥权）。姜维在诸葛亮去世后继承诸葛亮的遗志，继续率领蜀汉军队北伐曹魏，与曹魏名将邓艾、陈泰、郭淮等多次交手。然而由于蜀汉国力弱小等原因，终究回天乏术。蜀汉灭亡后，姜维希望凭自己的力量复兴蜀汉，假意投降魏将钟会，打算利用钟会反叛曹魏以实现恢复汉室的愿望，但最终钟会反叛失败，姜维也被魏兵所杀。

宋少帝刘义符（406年—424年）

南朝宋皇帝，刘裕的长子。16岁即位，由刘裕旧臣徐羡之、傅亮、谢晦等辅政。刘义符自幼娇养失教，登基后整日与宫人游戏无度，沉溺于声色犬马，不理朝政，辅政大臣徐羡之等遂决计将刘义符废掉，另立新君。公元424年6月，徐羡之、檀道济等人带兵杀入，收取了酣睡中的刘义符的印玺，以太后的名义废其为营阳王。刘义符不久被杀，时年仅18岁，刚刚做了一年皇帝，就这样永远地退出政治和人生的舞台。

宋孝武帝刘骏（430年—464年）

南朝宋皇帝刘骏。453年至464年在位。字休龙，小字道民，宋文帝第三子。初封武陵王。文帝被太子刘劭杀死后，他自江州起兵诛讨之，入京即帝位。翦除宗室，重用戴法兴、巢尚之、戴明宝使掌朝政。又分吏部设二尚书。推行土断和课租荫户以抑制大族，加强君权。刘骏做皇帝昏庸无道，惨施暴政，但是诗文造诣相当高。王夫之评价刘骏《登作乐山》说："得之于悲壮而不疏不野，大有英雄之气。"《全宋文》录其文二卷。

孔颖达（574年—648年）

生于北齐后主武平五年（574年），8岁就学，曾从刘焯问学，日诵千言，熟读经传，善于词章。隋大业初，选为"明经"，授河内郡博士，补太学助教。隋末大乱，避地虎牢（今河南省荥阳汜水镇西北）。入唐，任国子监祭酒。曾奉唐太宗命编纂《五经正义》，融合南北经学家的见解，是集魏晋南北朝以来经学大成的著作。卒于贞观二十二年（648年），终年75岁。

唐德宗李适（742年—805年）

唐朝皇帝李适。779年至805年在位。顺宗长子，本名淳。即位后锐意改革吏治，整顿江淮财赋，以增加财政收入。利用藩镇间的矛盾，先后平定三个藩镇的叛乱。河朔各镇也表示归附。自代宗广德年间以来五十余年的藩镇跋扈之局面告一段落。但泾原兵变后，文官武将的相继失节与宦官集团的忠心护驾所形成的强烈反差使德宗放弃了以往的观念。在执政后期，德宗委任宦官为禁军统帅，在全国范围内增收税间架、茶叶等杂税，导致民怨日深。贞元二十一年（805年），被宦官陈弘志等谋杀。谥号为神武孝文皇帝。

陆贽（754年—805年）

嘉兴（今属浙江）人，字敬舆。唐代政治家、文学家。祖父陆齐望于唐玄宗开元年间由吴郡吴县（今苏州）徙居嘉兴县，其子孙遂入籍嘉兴。大历八年（773年）进士，中博学宏词、书判

拔萃科。德宗即位，召充翰林学士。贞元八年（792年）出任宰相，但两年后即因与裴延龄有矛盾，被贬充忠州（今重庆忠县）别驾（州主管官的佐吏），永贞元年卒于任所，谥号宣。有《陆宣公翰苑集》24卷行世。

唐僖宗李儇（862年—888年）

唐代皇帝李儇。873年至888年在位。懿宗死后，由宦官韩文约等所立，年12岁。专事游戏，挥霍钱财，政事全交给策军中尉田令孜处理。广明元年（880年）底，黄巢起义军攻入长安，他与田令孜等逃往成都。885年回京师。不入，因田令孜与河中节度使王重荣等冲突，又逃往凤翔，再走兴之。888年，回长安，不久病死。

柳公权（778年—865年）

字诚悬，唐代著名书法家，汉族，京兆华原（今陕西铜川市耀州区）人。官至太子少师，世称"柳少师"。柳公权书法以楷书著称，与颜真卿齐名，人称颜柳。他的书法初学王羲之，后来遍观唐代名家书法，认为颜真卿、欧阳询的字最好，便吸取了颜、欧之长、在晋人劲媚和颜书雍容雄浑之间，形成了自己的柳体，以骨力劲健见长，后世有"颜筋柳骨"的美誉。他一生作品很多，主要有《大唐回元观钟楼铭》、《金刚经刻石》、《玄秘塔碑》、《冯宿碑》、《神策军碑》。另有墨迹《蒙诏帖》、《王献之送梨帖跋》等。

李贺（790年—816年）

唐代著名诗人，汉族，河南福昌人。字长吉，世称李长吉、鬼才、诗鬼等，与李白、李商隐三人并称唐代"三李"。祖籍陇西，生于福昌县昌谷（今河南洛阳宜阳县）。一生愁苦多病，仅做过三年从九品微官奉礼郎，因病27岁卒。

李贺是中唐浪漫主义诗人的代表，又是中唐到晚唐诗风转变期的重要人物。

秦桧（1090年—1155年）

字会之，宋朝江宁府（今江苏南京）人。中国历史上十大奸臣之一，因以"莫须有"的罪名处死岳飞而遗臭万年。宋徽宗政和五年（1115年）登第，补密州（今山东诸城）教授，曾任太学学正。北宋末年任御史中丞，与宋徽宗、钦宗一起被金人俘获。南归后，任礼部尚书，两任宰相，前后执政19年。

范成大（1126年—1193年）

字致能，号石湖居士。汉族，平江吴郡（郡治在今江苏苏州）人。南宋诗人。谥文穆。从江西派入手，后学习中晚唐诗，继承了白居易、王建、张籍等诗人新乐府的现实主义精神，终于自成一家。风格平易浅显、清新妩媚。诗题材广泛，以反映农村社会生活内容的作品成就最高。他与杨万里、陆游、尤袤合称南宋"中兴四大诗人"。

叶适（1150年—1223年）

南宋哲学家、文学家，字正则，号水心。浙江瑞安人（其祖上自处州龙泉黄南村徙于瑞安）。是温州创业精神的思想发源。1150年五月九日（5月26日）出生，淳熙五年（1178）进士第二名（榜眼）。历仕于孝宗、光宗、宁宗三朝，官至权工部侍郎、吏部侍郎兼直学士院。他力主抗金，反对和议。南宋大臣韩侂胄伐金失败，叶适以宝谟阁待制主持建康府兼沿江制置使，因军政措置得宜，曾屡挫敌军锋锐。金兵退，他被进用为宝文阁待制，兼江淮制置使，曾上堡坞之议，实行屯田，均有利于巩固边防。后因依附韩侂胄被弹劾夺职。1223年卒，谥忠定。

成吉思汗（1162年—1227年）

蒙古帝国可汗，尊号"成吉思汗"。杰出的政治家、军事家。1206年春天建国称帝，此后多次发动对外征服战争，征服地域西达中亚、东欧的黑海海滨。

至元二年（1265年）十月，元世祖忽必烈追尊成吉思汗庙号为太祖。至元三年（1266年）十月，太庙建成，制尊谥庙号，元世祖追尊成吉思汗谥号为圣武皇帝。至大二年（1309年）十二月，元武宗海山加上尊谥法天启运，庙号太祖。从此之后，成吉思汗的谥号变为法天启运圣武皇帝。

元太宗窝阔台（1186年—1241年）

孛儿只斤·窝阔台，蒙古帝国可汗，史称"窝阔台汗"。元太祖成吉思汗的第三子。1229年忽里台大会被拥戴登基，管理整个蒙古帝国。他继续父亲的遗志扩张领土，1230年至1234年发动灭金战争，并统一中国北方。派拔都远征欧洲。在位期间，任用耶律楚材，制定赋税制度。立中书省，草创律法，又遍设驿站，加强本土与诸国的联系。

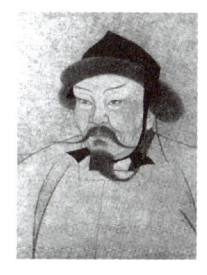

至元三年（1266年）十月，太庙建成，制尊谥庙号，元世祖忽必烈追尊窝阔台庙号为太宗，谥号英文皇帝。至元八年（1271年）十一月，忽必烈将国号"大蒙古国"改为"大元"。

明仁宗（1378年—1425年）

明代第四位皇帝，明成祖朱棣长子。永乐二十二年（1424年）八月登基，次年改元"洪熙"。他生性端重沉静，言行识度，喜好读书。由于他儒雅与仁爱而深得皇祖父朱元璋的喜爱。但身形较胖，导致身体较弱。在位期间发展生产、与民休息，为"仁宣之治"打下基础。于洪熙元年（1425年）五月暴死，在位仅十月，终年47岁。庙号仁宗，谥号敬天体道纯诚至德弘文钦武章圣达孝昭皇帝。葬于十三陵献陵。

李自成（1606年—1645年）

明末农民起义领袖，陕西米脂人。崇祯三年（1630）起义，投奔高迎祥，为八队"闯将"之一，名列三十六营。高迎祥被害后，被推选为"闯王"。

倡"均田免粮"，打遍陕、甘、宁、川、鄂、豫，势力大振。占西安，建立大顺政权。并攻占北京推翻了明朝统治。此后，在满清与吴三桂的反扑下势力顿衰，终失败，1645年在湖北通山县九宫山遇害。

张献忠（1606年—1647年）

字秉忠，号敬轩，明末农民起义领袖，陕西延安人。崇祯三年（1630年）率众起义，号八大王，为三十六营之一。与高迎祥相率攻陷奉阳，焚烧皇陵。十一年，在湖北谷伥降。次年重举义旗，进入四川后，开展游战争。十四年二月突然出川，攻陷襄阳。十六年克武昌称大西王，宣布"三年免征，一民不杀"。次年在成都即帝位，国号大西，年号大顺。顺治三年末，迎战清军，阵亡于西充凤凰山。

王原祁（1642年—1715年）

字茂京，号麓台、石师道人，江苏太仓人，王时敏孙。康熙九年（1670年）进士，官至户部侍郎，人称王司农。以画供奉内廷，康熙四十四年（1705年）奉旨与孙岳颁、宋骏业等编《佩文斋书画谱》。康熙五十六年（1717年）主持绘《万寿盛典图》为康熙帝祝寿。擅画山水，继承家法，学"元四家"，以黄公望为宗，喜用干笔焦墨，层层皴擦，用笔沉着，自称笔端有金刚杵。主张好画当在不生不熟之间，自出心裁，不受古法拘束，熟不甜，生不涩，淡而厚，实而清，书卷之气益然纸墨外。为清代著名画家，是"娄东派"创始人，为"清六家"之一。

清圣祖玄烨（1654年—1722年）

在位61年，是中国当皇帝最长的君主。他在位期间，平定了三藩之乱，收复了台湾，击退沙俄侵略，订立了《尼布楚条约》，确定中俄之间的东段边界。三次平定准噶尔叛乱和西藏上层贵族的分裂活动，保证和加强了中华民族的统一。他重视农业生产，奖励垦荒，停止圈地，推行更名地。治理黄河等水患，保证大运河畅通。完成《皇舆全图》的绘制。喜诗画书法，精鉴赏，亦爱好天文、历算、化学、音乐，对有学问和特长的西方传教士汤若望、南怀仁、徐日升等授以官职，供奉内庭。曾六次南巡，开博学宏词科、明史馆，以笼络汉族文化人和地主阶级。编纂《全唐诗》、《佩文韵府》、《康熙字典》等书籍。提倡程朱理学。兴"明史"、"南山集"等文字狱，以加强思想统治。五十一年，颁布法令，以50年在籍人额为准征收丁银，以后滋生人口永不加赋。他奠下了清朝兴盛的根基，开创出康乾盛世的大好局面。谥号合天弘运文武睿哲恭俭宽裕孝敬诚信功德大成仁皇帝。

清雍正皇帝胤禛（1678年—1735年）

康熙第四子，清朝第五位皇帝。1722年至1735年在位。年号雍正，庙号清世宗。得隆科多、年羹尧之助夺得帝位。对汉族地主阶级知识分子，改变了康熙时代的笼络为主的政策，屡兴文字狱，实行文化专制政策。取消亲王、贝勒对八旗军队的统率权，以加强君主专政。在位时期，平定了罗卜藏丹津叛乱，设置军机处加强皇权，实行"改土归流"、"火耗归公"与"打击贪腐"等一系列铁腕改革政策，对康乾盛世的连续具有关键性作用。

洪仁玕（1822年—1864年）

太平天国革命运动的主要领导人之一。广东花县人，是太平天国天王洪秀全的族弟，曾在香港居住多年，1859年到天京（即南京），获封为军师、干王，一度总理朝政。作《资政新篇》，主张学习西方科学技术，改革政治，发展资本主义经济，但未能实施。是太平天国的文化、政治、教育、科技方面的领导者。后在南昌被清兵处死。

康有为（1858年—1927年）

康有为，又名祖诒、字广厦、号长素，又号明夷、西樵山人、游存叟、天游化人，晚年别署天游化人，广东南海人，人称"康南海"。清光绪年间进士，官授工部主事。出身于士宦家庭，乃广东望族，世代为儒，以理学传家。近代著名政治家、思想家、社会改革家、书法家和学者，信奉孔子儒家学说，并致力于将儒家学说改造为可以适应现代社会的国教。曾担任孔教会会长。1898年领导"公车上书"，成为"戊戌变法"的领导人，变法失败后流亡日本。著有《康子篇》、《新学伪经考》等。

宋教仁（1882年—1913年）

伟大的民主革命先行者、中华民国的主要缔造者，民国初期第一位倡导内阁制的政治家。1903年在长沙参加成立华兴会，任副会长。谋划长沙起义，事泄逃亡日本，参加筹组同盟会。曾参加广州黄花岗起义。辛亥革命后，与黄兴同赴武昌，筹组临时政府。1912年中华民国成立，任总统府法制院院长。临时政府北迁。任农林总长。改组同盟会为国民党。后被袁世凯刺杀，死于上海。著有《宋教仁集》。

蔡锷（1882年—1916年）

近代革命家和军事家。字松坡。湖南邵阳人。原名艮寅，字松坡。1899年留学日本。1904年归国，任新军教官、协统等职。1911年去云南任军官。当年响应武昌起义，被推为云南军政府都督。"二次革命"后被调至北京，实受监视。1915年在云南宣告独立，成立护国军，讨伐袁世凯。袁死后任四川都督，旋赴日本疗疾，不久病逝。有《蔡松坡集》。

冯玉祥（1882年—1948年）

民国时期著名军阀、军事家、爱国将领、著名民主人士。安徽巢县人，字焕章。历任北洋军各种军职，1924年10月发动北京政变，推翻直系军阀政府，并将清皇室逐出紫禁城。1926年参加国民革命军和北伐，成为蒋介石麾下的重要军事领袖，后爆发蒋冯阎大战和中原大战。九一八事变后，主张抗日。1933年与共产党合作，在抗日期间任第三、六战区司令长官。抗战胜利后，反对蒋介石的反动政策。1948年9月，准备回国参加中国共产党发起的新政协会议筹备工作，途中经黑海，因轮船失火遇难。著有《我的生活》、《我所认识的蒋介石》等书。

邓中夏（1894 年—1933 年）

湖南宜章人，1917 年入北京大学国文系学习，1920 年入哲学系学习，1923 年毕业。1920 年参加发起组织北京大学马克思学说研究会，是北京共产主义小组成员。1920 年末，邓中夏等受北京共产主义小组派遣，到长辛店开展工人运动。1922 年，他参加了全国劳动大会，并当选中国劳动组合书记部书记。1923 年，到上海大学任教，创办《中国青年》杂志。1925 年，到广东组织领导省港大罢工，担任了罢工委员会的顾问和党团书记，并发行报纸《工人之路》。中国共产党第二、第三、第六次全国代表大会上均当选为候补中央委员，"五大"为中央委员，在八七会议上当选为中央临时政治局候补委员。1928 年出席赤色职工国际第五次代表大会被选为执行委员，是全国总工会驻赤色职工国际代表。1930 年回国后历任全国总工会党团成员、中共湘鄂西特委书记、红二军团政委。1933 年 5 月 15 日在上海被捕。9 月 21 日，在南京雨花台遇害。著有《中国职工运动简史》。

韦拔群（1894 年—1932 年）

百色起义领导人和左江革命根据地创建人之一。曾用名韦秉吉、韦秉乾、韦萃。壮族。1916 年初在贵州加入讨伐袁世凯的护国军，参加了护国运动。后入贵州讲武堂学习，毕业后到黔军任参谋。在五四运动影响下，1920 年离开黔军到广州加入"改造广西同志会"，次年回东兰从事农民运动，先后组织"改造东兰同志会"（称农民自治会）和"国民自卫军"（后称农民自卫军）。1925 年初入广州农民运动讲习所学习。1926 年领导成立东兰县革命委员会，任主任；同年冬加入中国共产党。1929 年 12 月参与领导百色起义，建立右江革命根据地，任右江苏维埃政府委员、中国工农红军第七军第三纵队司令员、第二十一师师长。1930 年 11 月，红七军主力奉命北上，他坚决服从军前委命令，带领百余人留在右江根据地，在极其艰苦的条件下坚持游击战争。1932 年 10 月，被叛徒杀害于广西东兰赏茶洞。

叶圣陶（1894 年—1988 年）

原名叶绍钧，字圣陶，汉族人，江苏苏州人，著名作家、教育家、编辑家、文学出版家和社会活动家。解放后，叶圣陶曾担任出版总署副署长、人民教育出版社社长、教育部副部长。他也是第五届全国政协常委委员、第六届全国政协副主席、第五届全国人大常委委员、民进中央主席。叶圣陶于 1988 年 2 月 16 日于北京逝世，享年 94 岁。

爱新觉罗·溥仪（1906 年—1967 年）

清道光皇帝的曾孙，光绪皇帝胞弟载沣的长子。中国历史上最后一个皇帝，年号宣统。辛亥革命以后，宣布退位。抗战时由于充当日本扶持的伪满洲国傀儡皇帝，被定为战犯。1959 年被第一批特赦，成为中华人民共和国的普通公民。1967 年在北京去世。

马年出生的外国名人

奥古斯特·孔德（1798 年—1857 年）
Isidore Marie Auguste François Xavier Comte,

法国著名哲学家、社会学和实证主义的创始人。开创了社会学这一学科，被尊称为"社会学之父"。他创立的实证主义学说是西方哲学由近代转入现代的重要标志之一。

孔德出生于蒙彼利埃的一个中级官吏家庭。1817 年 8 月，他成为著名的空想社会主义者圣西门的秘书。1830 年，《实证哲学教程》第一卷出版，稍后其他各卷（共四卷）陆续出版。他在 1842 年出版的第四卷中，正式提出"社会学"这一名称，并建立起社会学的框架和构想。1844 年孔德遇到对其理论产生重大影响的德克洛蒂尔德·德沃。受德沃影响，孔德创立"人道教"，并成立了具有宗教色彩的"实证主义学会"。1857 年 9 月，在巴黎逝世。

巴斯德（1822 年—1895 年）
Pasteur, Louis

法国微生物学家、化学家，近代微生物学的奠基人。像牛顿开辟出经典力学一样，巴斯德开辟了微生物领域。

1840 年，巴斯德毕业于贝桑松皇家学院。1847 年获化学博士学位。1867 年至 1889 年，在索邦大学任化学教授。他在 1856 年提出，牛奶发酵是由于存在着微生物。微生物具有专属性，用来生产啤酒的酵母不能使牛奶产生乳酸。他在牛奶消毒及食品保存方面做出的贡献永远造福人类。他的细菌学说指出，只有弄明白传染病的本质和传染的方式，才能使传染病得到控制。他的研究成果使酿酒工业走上科学之途。知道如何控制醇母菌，不但使酒的产量大增，也使酒的风味醇美，因此被尊为"葡萄酒之父"。巴斯德一生进行了多项探索性的研究，取得了重大成果。他发现了酵母菌、乳酸菌，并研发出炭疽病及狂犬病等疫苗，是 19 世纪最有成就的科学家之一。

孟德尔（1822 年—1884 年）
Gregor Johann Mendel

奥地利修道士，遗传学的开创者。生于奥地利的海因岑多夫（今捷克的海恩塞斯）。1843 年因家贫而辍学，到圣奥斯定隐修院做修士。1847 年被任命为神父。1851 年至 1853 年在维也纳大学学习物理、化学、数学、动物学和植物学。1853 年，他从维也纳大学毕业，回到修道院。

此后不久，孟德尔到布吕恩技术学校任物理学和植物学的代理教师。期间他进行了 8 年的豌豆杂交实验。他的研究支持了遗传的颗粒说，并于 1865 年在布吕恩自然科学研究协会上报告了他的研究结果。1866 年又在该会会刊上发表了题为《植物杂交试验》的论文。他在这篇论文中提出了遗传因子（现称基因）显性性状、隐性性状等重要概念，并阐明其遗传规律，后人称之为孟德尔定律（包括基因的分离定律及基因的自由组合定律）。但是他的这些发现当时并未受到学术界的重视。直到 1900 年，孟德尔定律才由荷兰的德弗里斯、德国的科伦斯和奥地利的切尔马克三位植物学家通过各自的工作分别予以证实，成为近代遗传学的基础。从此孟德尔也被公认为科学遗传学的奠基人。

鲁道夫·克劳修斯（1822年—1888年）
Rudolf Julius Emanuel Clausius

德国物理学家。热力学奠基人之一。生于普鲁士的克斯林（今波兰科沙林）。1840年入柏林大学，1847年获哈雷大学哲学博士学位。1850年因发表论文《论热的动力以及由此导出的关于热本身的诸定律》而闻名。1855年任苏黎世工业大学教授，1867年任德意志帝国维尔茨堡大学教授，1869年起任波恩大学教授。

在《论热的动力以及由此导出的关于热本身的诸定律》的论文中，他重新陈述了萨迪·卡诺的定律（又被称为卡诺循环），把热理论推至一个更真实更健全的基础。他最重要的论文于1850年发表，该论文是关于热的力学理论的，其中首次明确指出热力学第二定律的基本概念。他还于1855年引进了熵的概念。

1858年，克劳修斯又发表了《关于气体分子的平均自由程》论文，从分析气体分子间的相互碰撞入手，引入单位时间内所发生的碰撞次数和气体分子的平均自由程的重要概念，解决了根据理论计算气体分子运动速度很大而气体扩散的传播速度很慢的矛盾，开辟了研究气体的输运过程的道路。

德米特里·门捷列夫（1834年—1907年）
Дмитрий Иванович Менделеев

俄国化学家。1848年入彼得堡专科学校，1850年入彼得堡师范学院学习化学，1855年取得教师资格，并获金质奖章，毕业后任敖德萨中学教师。1856年获化学高等学位，1857年任彼得堡大学副教授，后到德国海德堡大学深造。1861年回彼得堡从事科学著述工作。1865年获化学博士学位。1890年当选为英国皇家学会外国会员。

门捷列夫发现了元素周期律，并就此发表了世界上第一份元素周期表，在世界上留下了不朽的光荣，人们给他很高的评价。1907年2月2日，这位享有世界盛誉的俄国化学家因心肌梗塞与世长辞。他的名著、伴随着元素周期律而诞生的《化学原理》，在19世纪后期和20世纪初，被国际化学界公认为标准著作，影响了一代又一代的化学家。

恩斯特·海克尔（1834年—1919年）
Ernst Haeckel

德国动物学家和哲学家。早年在柏林、维尔茨堡和维也纳学医，获柏林大学医学博士学位。曾任耶鲁大学动物学教授。是最早绘制动物系谱图的学者之一。大力支持达尔文的进化论，推动了继达尔文之后生物学研究的开展，并通过对胚胎学、形态学与细胞理论的研究使生物学研究的范围不断扩展。提出了"生态学"一词。

海克尔本来的职务是医生，后来任比较解剖学的教授。他是最早将心理学看作是生理学的一个分支的人之一。他引入了一些今天在生物学中非常普遍的术语如生态学、门等，他将政治学称为是"应用生物学"。他的一些理论和主张后来被纳粹理论家利用，成为其种族主义和社会达尔文主义的理由。海克尔也是优生学的先驱。

海克尔著有《生物体普通形态学》、《创造的历史》、《人类的进化》、《宇宙之谜》、《放射虫目》。1866 年他的《形态学大纲》是世界上第一部达尔文的进化论的教科书。

戈特利布·戴姆勒（1834 年—1900 年）
Gottlieb Daimler

德国机械工程师和发明家，现代汽车工业的先驱者之一。1834 年 3 月 17 日出生于德国符滕堡雷姆斯河畔舍恩多夫的一个手工业工人家庭，父亲是一位面包店老板。

1852 年，他就读于斯图加特工程学院。少年时代的戴姆勒就对燃气发动机产生了浓厚的兴趣，并开始学习研制奥托式燃气发动机。

1872 年，戴姆勒设计出四冲程发动机。1883 年，他与好友、著名的发明家威尔赫姆·迈巴赫（Wilhelm Maybach）合作，成功研制出使用汽油的发动机，并于 1885 年将此发动机安装于木制双轮车上，从而发明了摩托车。

1886 年，戴姆勒把这种发动机安装在他为妻子 43 岁生日而购买的马车上，创造了世界上第一辆四轮内燃机汽车。

魏斯曼（1834 年—1914 年）
Weismann, August

德国生物学家，创立细胞遗传学德国动物学。1834 年生于法兰克福，1856 年入格丁根大学学医。先后在巴登和奥地利当过军医和私人开业医生。1861 年在吉森大学从师于德国动物学家 K.G. 洛伊卡尔特，学习动物发生学及形态学，1863 年完成了关于双翅目昆虫变态的论文。1866 年担任弗赖堡大学医学系动物学和比较解剖学副教授。1868 年在该校创办动物研究所，任第一任所长。1871 年升任教授。60 年代中期以后因眼疾不得不终止显微镜下的研究而转向遗传、发生和进化问题的理论探讨。他讲授达尔文进化论多年，直至 1912 年退休。1914 年 11 月 5 日卒于弗赖堡。

魏斯曼于 1883 年提出有名的"种质论"。"种质论"主张生物体由质上根本相异的两部分——种质和体质组成。认为生物体在一生中由于外界环境的影响或器官的用与不用所造成的变化只表现于体质上，而与种质无关，所以后天获得性状不能遗传。魏斯曼的"种质论"启迪了人们去深入研究遗传物质，从而相继发现了染色体、基因和 DNA 。

鲁道夫·狄赛尔（1858 年—1913 年）
Rudolf Diesel

德国工程师。早年在慕尼黑科技大学读机械制造专业，毕业后在瑞士温特图尔一家机械厂任零件设计员。两年后转巴黎任林德冷藏企业热机工程师、安装工和推销员。在工作中，他深感蒸汽机的效率低下，于是萌发了设计新型发动机的念头。1885 年，他辞去制冷工程师职务，在巴黎设立了自己的发动机实验室，并于 1897 年发明制造了世界第一台柴油机。德语的"柴油"一词，就是从他的名字而来的。第一次世界大战时，他的柴油机成为各国潜艇的主要动力。如今，他发明的柴油机，在汽车、船舶和整个工业领域都得到越来越广泛的发展。

尽管狄赛尔在科技上取得了很大成功，他

的个人生活却并不幸福。他的发明受到对手的非难和排挤。1898年，狄赛尔因为严重的神经虚弱，在疗养所待了一段时间。1913年9月29日，他乘船通过英吉利海峡时不幸神秘失踪。有人说他投海自尽，也有人推测他是被石油工业的人蓄意谋杀的。命运虽然悲惨，但是他作为柴油发动机的发明者已被载入史册。

马克斯·普朗克（1858年—1947年）
Max Karl Ernst Ludwig Planck

德国物理学家，量子力学的创始人，20世纪最重要的物理学家之一。因发现能量子而对物理学的进展做出了重要贡献，并在1918年获得诺贝尔物理学奖。量子力学的发展被认为是20世纪最重要的科学发展，其重要性可以同爱因斯坦的相对论相媲美。

马克斯·普朗克于1874年至1877年，在慕尼黑大学学习物理学和数学。1879年转到柏林大学学习。1879年通过了博士论文，在论文中论述了热力学第二定律。1880年在慕尼黑大学担任物理讲师。1885年被基尔大学聘为理论物理特约教授。1900年，普朗克提出了一个重要的物理学常数——普朗克常数，以调和经典物理学理论研究热辐射规律时遇到的矛盾。基于普朗克常数的假设，他推导出黑体辐射的普朗克公式，圆满地解释了实验现象。这个成就揭开量子力学的序幕，普朗克也此获得1918年诺贝尔物理学奖。

列宁（1870年—1924年）
Ленин

原名弗拉基米尔·伊里奇·乌里扬诺夫，列宁，是他参加革命后的笔名。著名的马克思

主义者、革命家、政治家、理论家、思想家，俄国共产党（布尔什维克）创立者、苏联建立者和第一位最高领导人。

1887年秋列宁进入喀山大学法律系学习，不久因参加学生运动而被学校开除，遭到逮捕和流放。1888年，他回到喀山，开始研究马克思的《资本论》和普列汉诺夫的著作。1892年，他开始筹建马克思主义小组，并将《共产党宣言》译成了俄文，还写下了第一本著作《农民生活中新的经济变动》。

1895年，列宁在彼得堡创立了"彼得堡工人阶级解放斗争协会"；年底，他再次被捕入狱，14个月的狱中生活后，于1897年被流放到西伯利亚。在西伯利亚的三年中，他开始使用"列宁"这个笔名，写出了《俄国资本主义的发展》一书。1900年2月，列宁在西伯利亚的流放结束，回到彼得堡后不久转赴西欧，在德国创办了俄国社会民主工党的第一份机关报《火星报》。

1903年7月30日，俄国社会民主工党在布鲁塞尔召开代表大会，会上形成了以列宁为核心的布尔什维克。

1905年11月，俄国资产阶级民主革命爆发后，列宁回到祖国直接领导革命，并提出了无产阶级政党在民主革命中的策略。12月，莫斯科武装起义失败，列宁又开始了长达十多年的第二次流亡生活。在此期间，他写了《唯物主义和经验批判主义》、《马克思主义和修正主义》等一系列著作，使马克思主义得到了全面的发展。

1917年3月，沙皇政府被推翻，列宁返回俄国。在他的领导下，俄国人民终于取得了十月社会主义革命（史称"十月革命"）的胜利。

革命胜利后，列宁当选为人民委员会主席。他领导人民粉碎了帝国主义的三次武装进攻和国内的叛乱，使苏俄的经济建设逐步走上了正轨。

1918 年列宁遭到暗杀，身体状况从此开始恶化。晚年患脑溢血症。1923 年，列宁病情开始恶化。1924 年 1 月 21 日，列宁不幸与世长辞，终年 54 岁。

季米特洛夫（1882 年—1949 年）
Georgi Dimitrov Mikhailov

保加利亚共产党领袖。国际共产主义的杰出活动家。1913 年，被选为国民议会议员。1919 年 5 月，保加利亚社会民主工党（紧密派）改名为保加利亚共产党（紧密派社会主义者）。季米特洛夫再次被选为党的领导成员，成为一名共产国际领导人。

1933 年 2 月 27 日，希特勒制造了震惊世界的"国会纵火案"。3 月 9 日，纳粹警察局以"参与纵火"的罪名逮捕了当时正在柏林从事革命活动的季米特洛夫。9 月 21 日，德国在莱比锡开庭审讯季米特洛夫。季米特洛夫在法庭上严厉驳斥了法西斯对共产党的诬蔑，以无可辩驳的事实揭露了"国会纵火案"是法西斯精心策划的阴谋。在世界各国反法西斯力量的营救下，德国法西斯政府被迫将季米特洛夫释放。

1944 年 9 月 9 日，保加利亚君主制被推翻，保加利亚工人党和祖国阵线成立了祖国阵线政府。1945 年，季米特洛夫回到祖国。1946 年 9 月，保加利亚举行全民投票，废除了君主制，成立人民共和国，11 月，季米特洛夫出任共和国第一任总理。1948 年 12 月，保加利亚工人党改名为保加利亚共产党，季米特洛夫当选为保共中央总书记。1949 年 7 月 2 日，季米特洛夫因病医治不愈，在莫斯科逝世。

罗伯特·戈达德（1882 年—1945 年）
Robert Hutchings Goddard

美国工程师、发明家，液体火箭的发明者。他于 1926 年 3 月 16 日发射了世界的第一枚液体火箭。

戈达德在 16 岁时阅读了威尔斯的科幻小说《星际战争》后，开始对太空产生兴趣。以后他把自己的生涯定位在火箭的研究上。1904 年，戈达德进入伍斯特理工学院学习，并于 1908 年拿到物理学学士学位。1910 年，他在克拉克大学获得硕士学位，一年后获博士学位。1912 年成为普林斯顿大学的研究员。

1919 年，戈达德发表了经典性论文《到达极高空的方法》，开创了航天飞行和人类飞向其他行星的时代。他最先研制用液态燃料（液氧和汽油）的火箭发动机，1925 年，他在他的实验室旁的小屋里，用一台液体推进剂的火箭发动机进行了静力试验。1926 年，他成功地进行了世界第一次液体火箭发动机的飞行。火箭长约 3.4 米，发射时重量为 4.6 公斤，空重为 2.6 公斤。飞行延续了约 2.5 秒，最大高度为 12.5 米，飞行距离为 56 米。

1945 年 8 月 10 日，戈达德因患喉癌在马里兰州巴尔的摩去世。他一生共获得了 214 项专利，其中 83 项专利在他生前获得。为纪念戈达德所做的贡献，1959 年，以他的名字命名了美国国家航空航天局太空飞行中心，月球上的戈达德环形山也以他的名字命名。

维吉尼亚·吴尔夫（1882 年—1941 年）
Virginia Woolf

英国女作家。被誉为 20 世纪现代主义与女性主义的先锋。两次世界大战期间，她是伦敦文学界的核心人物，同时也是布卢姆茨伯里派的成员之一。最知名的小说包括《戴洛维夫人》、《灯塔行》、《雅各的房间》。

写作于1941年的《幕间》，是她辞世之前的最后一部作品。1941年3月28日，举世无双的伍尔夫在自己的口袋里装满了石头，投入了位于罗德麦尔（Rodme11）她家附近的欧塞河（River Ouse），以悲剧形式结束自己的生命。尽管她有敏感的外表，她却写出了清晰而富于洞察力的文章。

詹姆斯·乔伊斯（1882年—1941年）
James Joyce

爱尔兰作家，诗人。1882年生于爱尔兰都柏林一个信奉天主教的家庭。

乔伊斯先后就读于都柏林大学克朗格斯伍德学院、贝尔沃迪尔学院和大学学院，很早就显露出音乐、

宗教哲学及语言文学方面的才能，并开始诗歌、散文习作。他谙熟欧洲大陆作家作品，受易卜生影响尤深，并渐渐表现出对人类精神世界特殊的感悟及对家庭笃信的宗教和自己生活环境中的习俗、传统的叛逆。1902年大学毕业后，曾与当时的爱尔兰文艺复兴运动有所接触，不久即成为其对立面。同年，迫于经济压力及为摆脱家庭宗教和自身狭隘环境的束缚，自行流亡到欧洲大陆，先后在法国、瑞士、意大利过着流离的生活，广泛地吸取欧洲大陆和世界文化的精华。1905年以后，携妻子儿女在意大利的里亚斯特定居，带病坚持文学创作。詹姆斯·乔伊斯是20世纪伟大的作家之一，他的作品及"意识流"思想对全世界产生了巨大的影响。

1941年1月13日，乔伊斯卒于瑞士苏黎世。

富兰克林·德拉诺·罗斯福（1882年—1945年）
Franklin Delano Roosevelt

美国历史上唯一蝉联四届（第四届未任满）的总统。罗斯福在20世纪的经济大萧条和第二次世界大战中扮演了重要的角色。他被学者评为美国最伟大的三位总统之一，同华盛顿和林肯齐名。

1900年，罗斯福就读于哈佛大学和哥伦比亚大学。后在纽约当律师。1910年，罗斯福以民主党人的身份开始涉足政界，当选为纽约州参议员。1913年任海军部副部长。1921年8月，罗斯福带全家在坎波贝洛岛休假，在扑灭了一场林火后，他跳进了冰冷的海水，因此患上了脊髓灰质炎症，下肢瘫痪。1928年，罗斯福参加州长竞选险胜，重返政界，于1929年出任纽约州州长（1930年再次当选州长）。任期内，美国发生严重经济危机，他采取措施，建立救济机构，深得人心。1933年，他以绝对优势击败胡佛，成为美国第32届总统。在总统任内，他推行新政，恢复了公众对美国政治制度的信心，强化了联邦政府机构，使美国的工业、农业逐渐全面恢复。

1941年12月7日，日本偷袭珍珠港，太平洋战争爆发。美国向日本、德国和意大利宣战，正式参加第二次世界大战。1942年元旦，在罗斯福的倡导下，美英苏中等26个国家的代表在华盛顿签署《联合国家宣言》，国际反法西斯同盟正式形成。

1945年，二战胜利前夕，罗斯福在出席雅尔塔会议后不久逝世。

西格丽德·温塞特（1882年—1949年）
Sigrid Undset

挪威小说家，1928年诺贝尔文学奖获得者。

她最著名的作品是描述中世纪斯堪的纳维亚生活的现代主义长篇小说——《新娘·主人·十字架》三部曲。温塞特出生于丹麦凯隆堡，当她两岁的时候，全家移居挪威。1940年，温塞特因为反对纳粹德国和其威瑟堡行动而从挪威流亡到美国；1945年第二次世界大战结束后，她重返挪威。

温塞特于1928年获得诺贝尔文学奖，当时瑞典的诺贝尔文学奖委员会在授奖时称许她对中世纪斯堪的纳维亚生活的描述引人入胜。委员会的评审专家们指的是她以13世纪的中古挪威为背景的两大系列小说：三卷本的《克里斯汀·拉夫朗的女儿》和四卷本的《马湾的主人》。

尼基塔·谢尔盖耶维奇·赫鲁晓夫（1894年—1971年）
Nikita Sergeyevich Khrushchev

苏联重要领导人之一。曾担任苏共中央第一书记、苏联部长会议主席。

1918年加入共产党。1929年入莫斯科工业学院学习，毕业后任莫斯科区委书记、市委书记。1938年任乌克兰党中央第一书记，次年成为联共（布）中央政治局委员。卫国战争期间任斯大林格勒方面军、乌克兰第一方面军的军事委员。1949年任中央书记兼莫斯科市委第一书记。

1953年斯大林逝世后，他主谋清除了贝利亚集团。1953年9月3日当选为党中央第一书记。1958年兼任苏联部长会议主席。赫鲁晓夫于1956年的苏联共产党第二十次代表大会中发表了"秘密报告"，对约瑟夫·斯大林展开全面批评，震动了社会主义阵营，引发东欧的一系列骚乱。任期内，他实施去斯大林化政策，为"大清洗"中的受害者平反，苏联的文艺领域获得解冻。同时他积极推行农业改革，使苏联的民生得到改善。1964年10月，苏共中央全会"鉴于赫鲁晓夫犯有主观主义和唯意志论错误"解除其职务。

1971年9月11日，赫鲁晓夫病逝于莫斯科。9月13日，《真理报》上刊载了一条短讯："前苏联共产党中央委员会第一书记、特别养老金领取者赫鲁晓夫逝世，终年77岁。"没有讣告，也没有提葬礼的时间和地点。

塞缪尔·贝克特（1906年—1989年）
Samuel Beckett

20世纪爱尔兰、法国作家，创作的领域包括戏剧、小说和诗歌，尤以戏剧成就最高。他是荒诞派戏剧的重要代表人物。

出生于爱尔兰首都都柏林的一个犹太家庭，父亲是测量员，母亲是虔诚的教徒。1927年毕业于都柏林的三一学院，获法文和意大利文硕士学位。1928年到巴黎高等师范学院和巴黎大学任教，结识了爱尔兰小说家詹姆斯·乔伊斯。精通数国语言的贝克特被分派做失明的乔伊斯的助手，负责整理《芬内根的觉醒》手稿。1931年，他返回都柏林，在三一学院教法语，同时研究法国哲学家笛卡儿，获哲学硕士学位。1932年漫游欧洲，1938年定居巴黎。德国占领法国期间，他曾因参加抵抗运动，受法西斯的追捕，被迫隐居乡下当农业工人。第二次世界大战结束后，曾短朗回爱尔兰为红十字会工作，不久返回巴黎，成为职业作家。

贝克特一生的创作经历，以1952年话剧《等待戈多》的上演为标志而被划分为前后两个时期。前期主要创作小说，而后期则主要写剧本。尽管如此，贝克特的文学风格却始终没有很大变化，而是从一开始就选择了一条远离现实主义传统的道路。

1969年，他因"以一种新的小说与戏剧的形式，以崇高的艺术表现人类的苦恼"而获得诺贝尔文学奖。

迦玛尔·阿卜杜尔·纳赛尔（1918年—1970年）
Nasser, Gamal, Abdel

生于埃及亚历山大巴卡斯区，在开罗上小学时参加过多次反英示威。中学毕业后进埃及皇家军事学院，毕业后获少尉军衔。在苏丹埃军服务时结识三位年轻军官，即毛希丁（后任副总统）、阿迈尔（后任陆军元帅）和萨达特（后继纳赛尔任总统），他们建立秘密革命团体自由军官组织，目的是赶走英国人，废黜君主制。1952年7月23日，与89名自由军官发动一场不流血的政变，推翻帝制，成立埃及共和国。由以他为首的11名军官组成革命指挥委员会，推举纳吉布为国家元首。

1954年春，纳吉布被罢免软禁，纳赛尔出任总理。1956年当选总统（1956—1970），7月26日宣布苏伊士运河收归国有。10月，英国、法国、以色列联合进攻埃及，苏伊士运河战争全面爆发。纳赛尔领导埃及人民英勇打击侵略者，赢得了战争的胜利。

著作有《革命哲学》和《埃及的解放》等。

穆罕默德·安瓦尔·萨达特（1918年—1981年）
phrad Benhard Nobel

埃及前总统，阿拉伯世界的杰出政治家。出生在尼罗河三角洲曼努菲亚省的迈特阿布库姆村，父亲是一名军人。由于家境一直很艰难，因此，萨达特的童年是在贫寒困苦中度过的。

1936年，萨达特考入了埃及皇家军事学院，参加了"青年埃及党"。毕业后，他因为参加反英斗争而两次被捕入狱。1950年，萨达特投到纳赛尔领导的"自由军官组织"中，并成为其中的一名核心成员。1952年7月23日，纳赛尔领导的革命获得了成功。

"7·23"革命后，萨达特从一名普通军官一跃成了执政的"革命委员会"成员。1970年9月28日，当纳赛尔总统逝世后，萨达特担任了埃及总统。上任伊始，他便大刀阔斧地进行了一系列政治经济改革。在政治上，他主张民主；在经济上，他实行开放政策；在外交上，则推行"积极中立"和"不结盟政策"，反对霸权主义，力图打破中东"不战不和"的局面，以谋求和平解决中东问题。这些政策的正确实施，使埃及在国际中的地位得到了迅速提高。1977年11月，萨达特亲自前往耶路撒冷同以色列总理贝京会晤，打开了埃以直接对话的渠道。1978年9月，在美国总统卡特的斡旋下，萨达特同贝京在美国签订戴维营协议。1979年3月，埃、以签订和约。为了表彰萨达特的功绩，诺贝尔和平奖评选委员会和国际记者协会分别授予了他"诺贝尔和平奖"和"哈马舍尔德和平奖"。

1981年10月，萨达特出席在埃及首都开罗东郊举行的一次盛大阅兵典礼时，被四名假扮军人的宗教极端主义分子用冲锋枪射杀。

总策划
吴本华

编辑
吴本华
刘普生
刘士忠
霍静宇
卢援朝
尹　然
日　高
王铁英
夏　岚
张钟心

图文制作
李　巍
吴建荣

资料提供
邓文凯
孙世巍
孙　杰

编务
张钟心

公元、干支纪年对照表

干支					干支				
甲子	1804	1864	1924	1984	甲午	1834	1894	1954	2014
乙丑	1805	1865	1925	1985	乙未	1835	1895	1955	2015
丙寅	1806	1866	1926	1986	丙申	1836	1896	1956	2016
丁卯	1807	1867	1927	1987	丁酉	1837	1897	1957	2017
戊辰	1808	1868	1928	1988	戊戌	1838	1898	1958	2018
己巳	1809	1869	1929	1989	己亥	1839	1899	1959	2019
庚午	1810	1870	1930	1990	庚子	1840	1900	1960	2020
辛未	1811	1871	1931	1991	辛丑	1841	1901	1961	2021
壬申	1812	1872	1932	1992	壬寅	1842	1902	1962	2022
癸酉	1813	1873	1933	1933	癸卯	1843	1903	1963	2023
甲戌	1814	1874	1934	1994	甲辰	1844	1904	1964	2024
乙亥	1815	1875	1935	1995	乙巳	1845	1905	1965	2025
丙子	1816	1876	1936	1996	丙午	1846	1906	1966	2026
丁丑	1817	1877	1937	1997	丁未	1847	1907	1967	2027
戊寅	1818	1878	1938	1998	戊申	1848	1908	1968	2028
己卯	1819	1879	1939	1999	己酉	1849	1909	1969	2029
庚辰	1820	1880	1940	2000	庚戌	1850	1910	1970	2030
辛巳	1821	1881	1941	2001	辛亥	1851	1911	1971	2031
壬午	1822	1882	1942	2002	壬子	1852	1912	1972	2032
癸未	1823	1883	1943	2003	癸丑	1853	1913	1973	2033
甲申	1824	1884	1944	2004	甲寅	1854	1914	1974	2034
乙酉	1825	1885	1945	2005	乙卯	1855	1915	1975	2035
丙戌	1826	1886	1946	2006	丙辰	1856	1916	1976	2036
丁亥	1827	1887	1947	2007	丁巳	1857	1917	1977	2037
戊子	1828	1888	1948	2008	戊午	1858	1918	1978	2038
己丑	1829	1889	1949	2009	己未	1859	1919	1979	2039
庚寅	1830	1890	1950	2010	庚申	1860	1920	1980	2040
辛卯	1831	1891	1951	2011	辛酉	1861	1921	1981	2041
壬辰	1832	1892	1952	2012	壬戌	1862	1922	1982	2042
癸巳	1833	1893	1953	2013	癸亥	1863	1923	1983	2043

2014 甲午